JN326980

鹿嶋真弓・吉本恭子
［編著］

中学校 学級経営ハンドブック

学級環境づくり
・
仲間づくり
・
キャリアづくり

図書文化

はじめに

　教育改革はなぜ進まないのか。この問いに,「高速道路を走る車のタイヤを取り替えるようなもの」と表現したのは内田樹氏です。

　日々の教育活動は待ってはくれません。教師の対応一つで流れは変わってしまうのに,考える時間さえ与えてくれないことのほうが多いかもしれません。だから,私たち教師は,ふだんから哲学をもたなくてはなりません。子どもへのとっさのひと言には,その教師の哲学に基づいた教育観・子ども観が反映されます。よく政治家が「言い間違い」や「不適切な言葉」などと言いますが,実はそうした何気ない言葉の中にほど,その人の潜在意識の中にある思いが表れてくるものではないでしょうか。

　また,教育には時間が必要であるにもかかわらず,結果がすぐに求められます。そのうえ,学校現場の忙しさにはすさまじいものがあります。教師は常に複数の仕事をかかえながら,子どもへの対応をしていかなくてはなりません。若い先生方が,効率よく仕事をこなすすべを,少しずつ身につけていきながら,すぐに使えそうな教育技法に,飛びつくように手を伸ばしてしまうことがあっても無理はないし,場合によってはそれもありでしょう。

　ただ,不思議だとは思いませんか？　同じように技法に手を伸ばしても,うまくいく先生といかない先生がいるというのは。

　うまくいく先生には,それなりに理由があります。子どもとの関係性やその教師の人間性も理由の一つですが,もっとも大事な違いは,その技法を使って何をしようとしているのか,ゴールのイメージを描けているかということだと思います。いまなぜこれをやりたいと思ったのか,何のためにやろうとしているのか,皆さんも実践の前に,この2つについてぜひ自分自身に問いかけてみてください。そして,それを子どもたちにもそのまま伝えるのです。なにも多くを語る必要はありません。教師が語りすぎると,子どもたちは考えることをしなくなりますから。

　うまくいったことは,それを続けます。ただし,うまくいっていたことが,ある時からうまくいかなくなることもあります。もしもうまくいかなくなったら,それは同じことを繰り返すのではなく,自らの対応を変える必要があるというサインです。

　このとき,うまくいっていた方法を変えることには抵抗が生じると思います。なぜなら人は,うまくいったことの原因は内側（自分）に求め,うまくいかなかったことの原因は外側（相手）に求める傾向があるからです。しか

し，うまくいかないことの原因を相手に求めても，そこからプラスの変化は望めません。相手を変えようとするのではなく，自分の対応を変えることが大切です。

　また，いざ自分の対応を変えようとしても，変えられるだけのレパートリーをもっていないとどうにもなりません。本書を読むことで，より多くの問題解決のためのレパートリーをもっていただければと思います。

　本書では，学級担任を対象に，集団のルールや規律が守られ，協力し合える人間関係があり，お互いが成長し合うことのできる学級に育てるためには，どのように集団を形成していけばいいのかという道筋を，「環境・約束」「信頼・仲間」「キャリア」の3つの柱に沿って示しました。「何をするか」だけでなく，「キーワード」や「押さえておきたいポイント」を具体的に示し，すぐに実践できる内容となるよう工夫しました。

　これまで講演会や研修会等を通じて，たくさんのすばらしい先生方に出会ってきました。その先生方が実践されてきた宝物と，私が実践してきた宝物を，この1冊に込めました。そして読者が，技法の向こうにある理論や哲学，人間性に，ふれられるようにと書き進めてきました。本書が，子どもたちの成長に向けて尽力されている先生方のお役に立ち，各学校の教育活動の充実につながることを願っています。

　なお，本書は平成26年2月に高知市教育委員会の先生方と一緒に作成した『学級経営ハンドブック・中学校』を全国向けに改訂し，一部を新しく書き下ろしました。初任者の先生，これから教職に就く方々の研修で，とても好評をいただいています。ぜひ全国の多くの先生方に手にとっていただけたらと思います。

平成27年2月

鹿嶋真弓

中学校 学級経営ハンドブック
もくじ

はじめに ……………………………………………………………………………… 3

第1章 学級担任の仕事とは

① 学級担任の醍醐味とは ……………………………………………………… 8
② 担任に求められる資質とは──人間性・哲学・理論・技法 …………… 9
③ 中学生の発達段階 …………………………………………………………… 11
④ キャリア教育 ………………………………………………………………… 14
⑤ 学級経営と生徒指導 ………………………………………………………… 15

第2章 学級の育て方

① ストラテジーをもつ ………………………………………………………… 18
② 現在地と課題の把握 ………………………………………………………… 21
③ 学級経営についての評価・検証 …………………………………………… 24
④ 蓄積データの活用 …………………………………………………………… 26

第3章 学級づくりカレンダー

① 学級づくりカレンダーの使い方 …………………………………………… 28
　カレンダーの見方 …………………………………………………………… 30
　ねらいとキーワード一覧 …………………………………………………… 32
② 中学1年生の学級づくり …………………………………………………… 34
③ 中学2年生の学級づくり …………………………………………………… 78
④ 中学3年生の学級づくり …………………………………………………… 122
⑤ 信頼される教師になるために ……………………………………………… 166

コラム 中学生の特徴 ………………………………………………………… 13
コラム 教師の基本「娘へ」 ………………………………………………… 168
エクササイズを使ってみよう ………………………………………………… 169

おわりに ……………………………………………………………………………… 172

第1章

学級担任の仕事とは

1 学級担任の醍醐味とは

　学年末，まだ4月当初に撮ったクラスの集合写真を見て，あどけない生徒たちの顔に驚いたことはありませんか？
　人の中で人は育ちます。そして，学級はその育ちの場となります。育つとは，日々変化することです。学級担任は，そのような生徒の変化をもっとも身近で感じることができる存在です。どんなに小さな変化でも見逃さず，生徒の成長を愛おしく感じることができたら，教師としてこんなに幸せなことはありません。
　もちろん，いい時ばかりではありません。進路選択では，理想と現実の間でもがき苦しむ生徒もたくさんいます。自分を見ていてほしいのに見てもらえない，注目されたくてもされない生徒たちの中には，よからぬことで目立とうとする生徒もいます。しかし，そんなかれらも成人した同窓会などの席で，「先生に迷惑ばかりかけてしまった」「当時を思い出すと先生に合わせる顔がない」などと口にすることがあります。「ああ，あの時間は無駄ではなかったな」と思わされる瞬間です。かつて私たちもそうであったように，人は皆，失敗しながら大人になっていきます。そんな生徒たちの大切な時期にかかわることができるのもまた，学級担任なのです。
　人の中で人は育ちます。生徒はもちろんですが，それは教師も同じです。特に学級担任は，教科教育（授業）以外での生徒とのかかわり，学校生活全般を通じた人としてのかかわりが多くなります。生徒は敏感です。この先生は自分たちのことをひとりの人間として大切に思ってくれているか，自分のプライドのためだけに生徒をしかってはいないかなどを，よく見ています。だからクラスの生徒たちの反応は，教師自身の人間性を客観的にみることのできるリトマス試験紙のようなものです。
　生徒の成長を感じながら，こうしたかかわりを通して共に成長できることも，学級担任の醍醐味といえるでしょう。

2 担任に求められる資質とは
——人間性・哲学・理論・技法

　学級経営には，担任教師の生き方や在り方が大きく影響します。生徒は，教師の願いや信念，価値観など，その教師の人間性にふれながら自己実現をめざしていくのです。

　だから担任は，学級経営を単なる形式的な仕事ととらえ，基本的な生活習慣を身につけさせたり，学習しやすい環境をつくったり，学級内の人間関係の調整をしたりすればいいというものではありません。自分なりの哲学をもち，その教育観・生徒観をもとに，実践に役に立つと思われる理論を学び，生徒と向き合っていくことが大切です。

　理論を知ると，日ごろ何気なく行っていた指導法の意味がわかるようになります。こうした裏付けを知ることで，余裕をもって生徒にかかわることができるようになります。

　しかし，理論ばかりが先行してしまうと，頭でっかちの教育評論家になってしまいます。また，技法ばかりにとらわれてしまうと，その場しのぎの対応になってしまいます。あくまでも実践のための理論であり技法であることを肝に銘じる必要があります。

　そして何より，理論や技法を支えてくれる哲学をもつことが大切です。さらに，その土台となるのが人間性です。ゆえに私たち教師は，人間性を磨き続けることが重要なのです。

人間性

　人間性は，多くの人との出会いの中で磨かれ，そして試されます。なぜ多くの人との出会いが必要か。それは，多くの人に出会うことで，思考や感情，行動のモデルと出合う機会が広がるからです。

　私の師，國分康孝先生は，『教師の教師』（瀝々社）という本の中で「私たちは人の情けを通して生き方を教わっている。だから，師はどこにでもいる」と述べています。幸いなことに，教師というのは多くの人に出会う職業です。心と頭を柔軟にして，だれからも学び続ける癖を身につけたいものです。

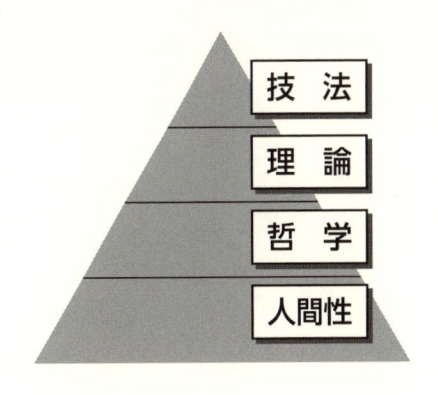

哲　学

　本書でいう哲学とは，各人の経験に基づく人生観や世界観のことです。人は自分の哲学をもとに，物事を深く考え，判断し行動します。つまり哲学は，その人の生き方，在り方へとつながり，人生を支える力となるものです。例えば生徒を前にしてとっさに出る一言も，自身の哲学が根底にあって成り立っているのです。

しかし，「あなたの哲学は？」と聞かれて，なかなかすぐに答えられるものではありません。自分の哲学を探る場合，自分が生きていくうえで何を大切にしているかを考えてみるといいでしょう。例えば，『アンパンマン』の作者であるやなせたかし氏は，自身の戦争体験から「戦争は互いが自分の正義のために戦う。どちらが正しいかわからない。おなかがすいて苦しんでいる人に食べ物を分け与える正義は絶対正しい。空腹を満たすことこそ最大の正義」と折りにふれ述べています。これこそが彼の哲学なのです。

理論

　理論を学んでおくと，いざというときにも思考や行動がぶれずにすみます。しかし，寄って立つ理論が1つでは，それに固執しやすく，他の理論を受け入れられなくなる恐れがあります。人間関係づくりや問題解決に役立つカウンセリングにも，数多くの理論があります。私たち教師は，より多くの理論にふれながら，それぞれについて学校現場で役に立てられる程度に知っておくとよいでしょう。

　とはいうものの，若かりし頃の私は，何をどこから学べばいいかわからずに，國分先生に質問してみたことがあります。先生は，指を折り数えながら，「いいか，来談者中心療法，精神分析，行動療法，交流分析，論理療法，短期療法と，まぁ，この6つをまずは学べ」とおっしゃいました。その頃の私にとっては，聞きなれない言葉ばかりでしたので，必死にメモをとった覚えがあります。

　実際に学んでみると，この6つの理論は，國分先生のおっしゃるとおり，学校現場で活用しやすく，また，実践に生かせるものばかりでした。皆さんも，まずは，これらについて学ばれることをお勧めします。

技法

　教師に役立つカウンセリングの技法は，大きくは，個へのアプローチと集団へのアプローチの2つに分けられます。ここでいう個へのアプローチは，おもに個別面接のための技法のことで，コーヒーカップ方式，マイクロカウンセリング，ヘルピングなどをさします。また，集団へのアプローチには，構成的グループエンカウンター，グループワーク・トレーニング，対人関係ゲーム，ソーシャルスキルトレーニング，グループ面接などがあります。それぞれ，研修会やワークショップなどに参加して，体験を通して学ぶことをお勧めします。

　最後に繰り返しになりますが，いくら技法を学んでも，人間性がともなわなければ，それは身についたとはいえません。それどころか，技法だけの人間は操作的で欺瞞的になってしまい，結果的にうまくいかないので注意が必要です。

3 中学生の発達課題

(1) 自分らしさの形成

　心理社会的発達からみた中学生の特徴は，「自分らしさやこれからの生き方を意識し始める」ことと言えます。小学校の高学年から中学生にかけては，自分の考え方や行動を決定する基盤（自我）が急激に成長します。生徒たちは自己を客観的にとらえる視点をもち始め，他人と自分を比較したり，自分の姿を批判的にみたりしながら，自分らしさについて考え始めます。そして，生き方のモデルとなるさまざまな存在に自分を重ね合わせ，必要な部分を取り込みながら，自分らしさを形成していきます。

　つまり，この時期に自分に対しての信頼や自信が芽生えることが大切で，それによって自分らしく生きていこうとする自分探しの旅が始まるのです。そして，他者への信頼や，他者に対して「役に立つ自分でありたい」という思いが芽生えるのです。

(2) 中学生の「発達課題の4段階」

　エリクソン（E. H. Erikson）の発達理論から考えると，中学生は次の4つの段階を経て，発達課題を乗り越えていくことが必要です。

中学生の発達課題：4段階
① 根拠はないけれど，何となく自分もよいと思える，自分の存在や価値への信頼
② 失敗しない，大丈夫うまくできるという，自分をコントロールできることへの信頼
③ 試みること，自分を生きてみることへの信頼
④ 自分も社会の中で役に立つ人間だと思える，有能さへの信頼

（鹿嶋真弓『Q-U式学級づくり　中学校』図書文化）

---

(3) 中学生の発達課題と集団の関係

　生徒にとって，このような発達課題を乗り越えていくうえで，どのような学級で過ごすかということは，とても大きな意味をもちます。集団が成熟していて，よい関係性をもつ学級では，生徒たちは互いに学び合い高め合いながら，社会性を身につけていくことができるからです。つまり，成熟した学級集団は，生徒一人一人にとっての大切な居場所となるだけでなく，生徒たちの心理社会的な発達を促進するという重要な役割も担っています。

(4) 中学生の発達課題（4段階）をクリアするための条件

　そこで学級担任は，学級に以下のような環境を整え，生徒たちが4つの発達課題をクリアできるようにしていきます。

発達課題①　自分の存在や価値への信頼

　人とのかかわりの中で，他者が自分に応えてくれることによって得られる，「応えてもらう価値のある自分」という感覚です。この信頼は，応答的なかかわりの中で得られます。そのための環境を学級に整えていきます。

発達課題②　自己コントロールへの信頼

　自分をコントロールできている，失敗しないでうまくやれるという，自己有能感につながる感覚です。この信頼は，自分の行動を周りから認められたり励まされたりすることで得られます。そのための環境を学級に整えていきます。

発達課題③　試みること，自分を生きてみることへの信頼

　自分なりに工夫してやってみた結果，それがうまくいった，あるいは，成功するしないにかかわらず自分はチャレンジしたという，未知なものに対する前向きな感覚です。この信頼は，そのような行動を周りから認められることで得られます。そのための活動や条件を学級に整えていきます。

発達課題④　有能さへの信頼

　自分のよさや得意なことは，自分だけではよくわかりません。むしろ，他者と比較して落ち込むことの多い年代です。この信頼は，他者が自分のよさや得意なことを見つけてくれ，それが認められることで得られます。そのための活動や条件を学級に整えていきます。

コラム　中学生の特徴

　中学生は自分の内面に最大の関心をもっています。それと同時に，自分の外面が他者からはどう見えているのかについても，それなりに関心があり，身なりや髪型などに気をつかうようになります。他者の目に自分がどう映っているか，どのように評価されているのか，それによって自分はどういう人間なのかを探ろうとするのです。これは，人間というものが，自分というものの存在を，他者との比較においてのみ感じ取ることができるからです。

　中学生の頃は，自分を客観視できるようになることで，アイデンティティ（自分らしさ）の確立をめざすようになります。友人関係においても，小学校の時までは，仲間の数は多ければ多いほど，たくさんのことを教え合うことができます。しかし中学生になると，仲間の数はぐっと限られてきます。それは思春期になると，話の合う仲間，価値観の同じ仲間としか親しく交われなくなるからです。

　また，中学生の特徴として，次の4つのことが言えます。このことを胸に刻んでおきましょう。

中学生は・・・
① 中学生は自分がしたいようにしか動かない
② 中学生は自分にとって意味のないことはやろうとしない
　（反対に言えば，自分にとって意味のあることはやるということ）
③ 中学生は「なりたい自分」になれていないことで，自己否定感が強くなる
④ 中学生は「なりたい自分」になろうとすることで成長していく

(鹿嶋真弓『Q-U式学級づくり　中学校』図書文化)

4 キャリア教育

　中学生は，親への依存から離れ，「自分の行動は自ら選択し決定したい」という自律の要求が高まると同時に，自分の将来における生き方や進路を模索し始める時期です。こうした生き方や進路を模索するためには，さまざまな人々の生き方にふれることが必要です。そこで学級経営でも，生徒が学級という仲間集団の力を借りながら，自分自身の自律の力を伸ばしていけるように工夫していくことが大切です。そのなかで生徒は，人間がいかに在るべきか，いかに生きるべきかについても，考え始めるようになるのです。
　こうした視点から，本書では実践編の3本柱の1つにキャリア教育を据えています。

(1) キャリア教育の定義

「一人一人の社会的・職業的自立に向け，必要な基盤となる能力や態度を育てることを通してキャリア発達を促す教育」
　（中央教育審議会キャリア教育・職業教育特別部会「今後の学校におけるキャリア教育・職業教育の在り方について（第二次審議経過報告）」：2010年5月17日）

(2) キャリア教育は生き方を考える教育

　これまでの進路指導が「職探し」中心だったのに対し，これからの進路指導は，キャリア教育の視点に基づいた「自分探し」へとシフトしています。「自分探し」とは，自分について知ることです。自分は何が好きで，どんなことに興味があり，何ができていて何ができていないか。中学生のこの時期に，いま自分ができている部分に気づき，仲間や教師の中にモデルを見つけることで，なりたい自分へと近づいていくことができるでしょう。
　また生徒は，学業につまずくことで自己肯定感や自己効力感が下がり，進路選択の意欲が減退していきます。そこで何の手立ても講じないでいると，「どうせ私なんて」という思いから，しまいには怠学から非行や不登校などさまざまな問題へと発展する可能性があります。もちろん，一人一人の生徒の学習保障・学力保障は，学級担任だけでなんとかなるものではありません。しかし，互いに学び合い高め合える学級づくりによって，学習面での課題も生徒が乗り越えていけるようになると考えられます。

5 学級経営と生徒指導

(1) 生徒指導とは

> 「一人一人の児童生徒の人格を尊重し，個性の伸長を図りながら，社会的資質や行動力を高めることを目指して行われる教育活動」
>
> （文部科学省2010　生徒指導提要）

　生徒指導は，学校教育の目標を達成するうえで，学習指導と並んで重要な意義をもっています。そのなかでも特に，日々の学級経営の充実と，教師と生徒，生徒相互の信頼関係および好ましい人間関係を育成する中での対応が求められています。

(2) 学級経営とは

　学級経営とは，学級担任が一人一人の児童生徒や学級集団との人間的なふれあいを通して，学習課題と発達課題を統合的に達成できるよう，計画的に運営することです（鹿嶋，2010）。そのために行うさまざまな条件整備の例には，次のようなものがあります。

① 学級を基盤とする教育諸活動の経営
　　学級教育目標の設定／学級経営案の立案
② 学級集団の経営
　　生徒理解／学級集団づくり／望ましい教師と生徒，生徒同士の人間関係の構築
③ 教室環境の整備や生活や学習におけるルールの設定
　　係活動・当番活動／学習の場，生活の場としての教室の環境整備
　　学校生活のルール／集団活動のルール／友だち関係のルール
④ 学級事務および保護者との連携・協力
　　家庭訪問，授業参観，保護者会，学級通信などによる保護者・地域との連携
　　学年・学校との連絡調整／その他さまざまな学級事務など

(3) 集団指導と個別指導の相互作用

　生徒指導も学級経営も生徒たちの生きる力を伸ばすための働きかけですが，その手段として，「集団指導」と「個別指導」の両方が必要です。集団に支えられて個が育ち，個の成長が集団を発展させていくという相互の作用で，その成長をより高めていきます。

集団の場で生徒に育成される力

① 社会の一員としての自覚と責任感
　　集団の中で生活することにより，社会の一員として生活を営むうえで必要なルールやマナーを体験的に習得します。
② 他者との協調性
　　集団の中で活躍できる場をもつことを通して，自分が集団の一員であることを実感します。また，他者への理解や共感が生まれることで，自分の感情や行動をコントロールできるようになり，協調性がはぐくまれていきます。
③ 集団の目標達成に貢献する態度
　　集団で共通の目標を設定し，その目標を達成するために，一人一人が自分の役割や分担を自覚して課題解決に取り組むことで，集団の目標達成に貢献する態度が育成されます。

個別指導と集団との距離のとり方

① 集団から離れて行う個別指導
　　集団での活動に適応しにくい子や，よりていねいな個別の指導や援助が求められる生徒に対しては，学級と別の場において個別に対応します。
② 集団の場面において個に配慮する指導
　　授業など一斉指導の場面では，集団の中で，個人の能力や興味に応じた配慮をしていきます。このとき，気になる子や支援を必要とする子へ対応する担任教師の姿は，そのまま生徒同士のかかわりのモデル（手本）になります。教師がその子のできていないことに注目し，注意する言葉かけが多くなると，周囲の生徒もまた，その子に対して注意する言葉かけが増えていきます。
　　それとは逆に，その子のできていることを認める言葉かけや励ましの言葉かけを普段の生活の中で耳にしていると，周囲の生徒からも同様の言葉かけが増えるでしょう。

第2章

学級の育て方

1 ストラテジーをもつ

　学級経営にもっとも必要なものはなにか。それは「実践するは我なり」の精神だと，私は思います。どんな学級になってほしいか，どんな生徒に成長してほしいか。学校や学年で決まっているからという人任せの姿勢では，生徒に対して説得力がありません。学級での活動を通して生徒たちに何を伝えたいのか，教師自身がその意義や目的を理解していなければ，生徒たちに届くはずはないのです。また，思いばかりがあっても，それだけでは生徒に伝わりません。よりよい実践へとつなげるために，学級経営のストラテジーを立てる力を身につけましょう。

　図1は，そのプロセスを単純なイメージにしたものです。理想の学級集団に育てるためには，まず，生徒にどのような行動をとれるようになっていてほしいかという具体的なゴール（めざす学級像）のイメージが描けていることと，学級の状態を正しくアセスメント（現在地と課題の読み取り）ができることが必要です。次に，その2つをつなぐ方法（アプローチ）を考えていきます。以下に順に説明します。

① 学級の現在地と課題を見極める

　まずはじめに，現在の学級の様子を常に把握する努力（アセスメント）が大切です。現状と課題が明確になることで，めざすものがみえてきます。アセスメントの方法には，大きく分けて，観察法・面接法・質問紙法の3つがあります（P21参照）。これらを活用して，「現在地と課題」を記入します。

② めざす学級像を具体的にイメージする

　次に，最終的に学級がどのようになっていればいいか，生徒にどのような行動が増えていればいいか（あるいは減っていればいいか）を思い描き，「めざす学級像」に記入します。このときのコツは，いま学級でできていることが何で，今後身につけてほしいことが何かを区別することです。具体的な行動レベルで記入します。

③ めざす学級像までのストーリーラインを考える

　めざす学級のイメージが定まったら，そこに至るまでのストーリーラインを具体的に考えます。何のために，いつ，何を，どのように学級で行うかといったことです。これを，「アプローチ」に記入します。また，アプローチの結果，予想される変化は何で，その変化にどのように対応すれば，めざす学級像に少しでも近づけるかについても，思いをめぐらせます。

　コツは，思いついたことや調べたことを，なるべくたくさん書いていくことです。そして，優先順位をつけて，うまくいったものは続け，うまくいかなかったらやめて，別の方法をやってみることが実践していくうえでの秘訣です。

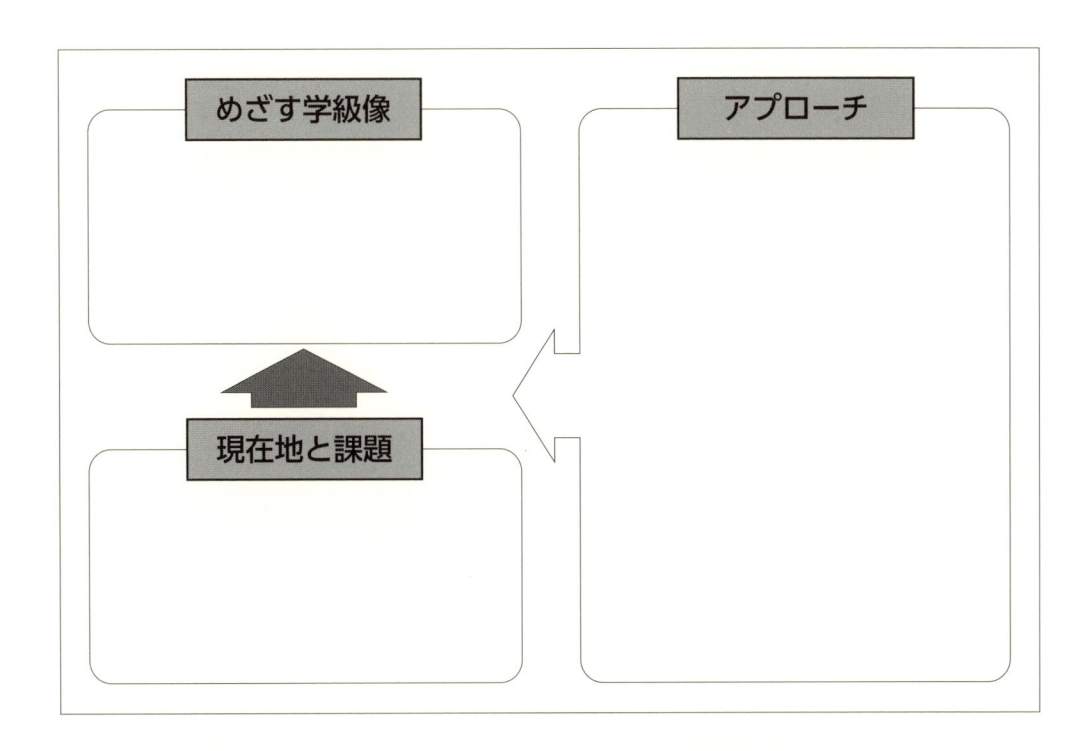

めざす学級像 / アプローチ

（空欄の記入フォーム）

- めざす学級像
- アプローチ
- 現在地と課題

（記入例）

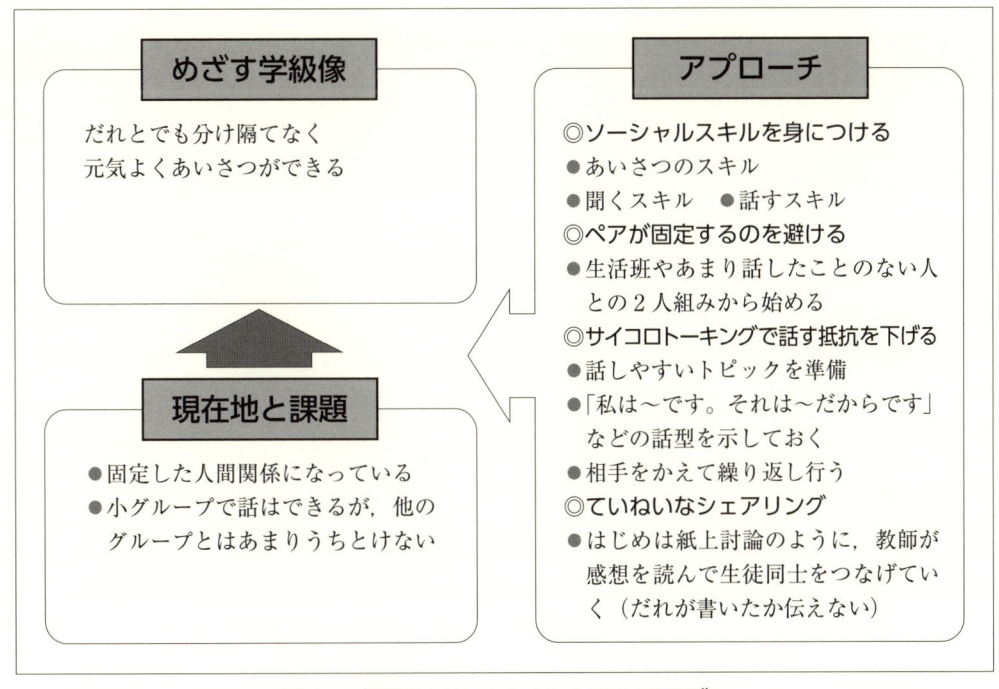

めざす学級像
だれとでも分け隔てなく元気よくあいさつができる

現在地と課題
- 固定した人間関係になっている
- 小グループで話はできるが，他のグループとはあまりうちとけない

アプローチ
- ◎ソーシャルスキルを身につける
  - ●あいさつのスキル
  - ●聞くスキル　●話すスキル
- ◎ペアが固定するのを避ける
  - ●生活班やあまり話したことのない人との2人組みから始める
- ◎サイコロトーキングで話す抵抗を下げる
  - ●話しやすいトピックを準備
  - ●「私は〜です。それは〜だからです」などの話型を示しておく
  - ●相手をかえて繰り返し行う
- ◎ていねいなシェアリング
  - ●はじめは紙上討論のように，教師が感想を読んで生徒同士をつなげていく（だれが書いたか伝えない）

図1　学級のアセスメントとストラテジー

図2は，めざす学級像へ向かうためのチャンスイベントについて示したものです。学校生活の中には，席替えや班活動からトラブル対応に至るまで，学級づくりに活用できるイベントがたくさんあります。一つ一つのイベントが，めざす学級へとつながるように計画していきます。

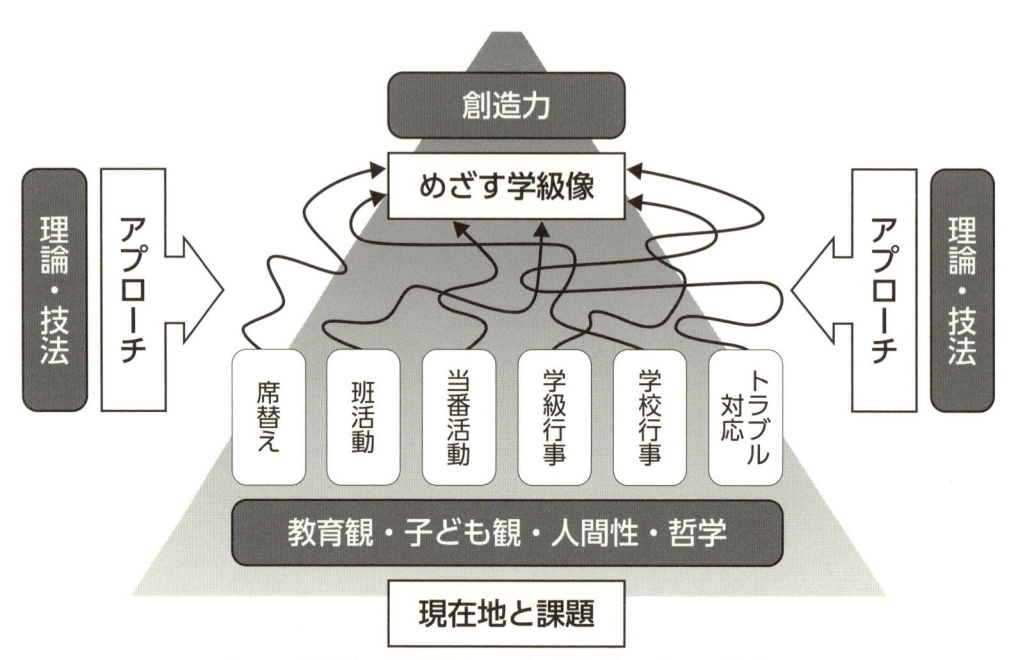

図2　現在地と課題からめざす学級像へ向かう構造図

④　教師の言葉を生徒がどのように受け止めているのか仮説を立てる

　①から③のように考えて実践しても，うまくいかない，自分の思ったような展開へと結びつかないという場合があります。そんなとき，つい大きな声を出して，生徒に強制的に指示をしてしまいがちです。たしかにその場はしのげるかもしれませんが，そのようなことを繰り返していると，生徒との関係は悪くなるばかりです。

　なぜうまくいかないのか。それは，教師の思いや言葉がそのまま生徒へ伝わるとは限らないからです。自分ではきちんと話しているつもりでも，受け取るのは生徒です。人は言われたように行動するのではなく，受け止めたように行動します。冷静になり，どうして生徒がそのような行動をとったのか，考えられる仮説をなるべくたくさん立てることができれば，必然的に次なる一手を打つことができるようになります。

　また，第1章でも述べたように，技法だけではなく，その理論的背景についても知っておくと，生徒や学級へのアプローチがぶれずにすみます。

2 現在地と課題の把握

(1) アセスメントの種類

アセスメントの方法には次の3つの方法があります。これら3つの方法を上手に組み合わせることによって，学級の現在地をより正確に把握することができます。

> ① 面接法
> 　学期末などの定期的な面談に加えて，中だるみの起きやすい6月や，不登校が起きやすい長期の休み明けの9月などに，個別の面談を行って話を聴きます。また，気になる様子のみられる生徒については適宜面談を行います。
> ② 観察法
> 　教師がアンテナを高くして，授業中や休み時間などの生徒の様子を観察します。担任以外の教員からの情報も重要な手がかりとなります。
> ③ 質問紙法（アンケート）
> 　質問紙などのアセスメントツールを使って，生徒や学級の状態を客観的に理解します。学級集団の状態をアセスメントするツールとしては，早稲田大学の河村茂雄教授が開発した「楽しい学校生活を送るためのアンケートQ-U」があります。これについては(2)で詳しく述べます。

　繰り返しますが，アセスメントをしっかりしたものにするためには，多様な方法を用いることです。観察だけに頼ったり，質問紙の結果だけを見て対応策を考えたりするのではなく，生徒が学級のことをどう感じているのかについて，面接で一人一人に直接気持ちを聴くことも大切です。このとき，質問紙や観察の結果と，生徒から聞いた話がしっくりとこないこともあります。そのような場合に，なぜそのようにズレが生じるのかを考えることが，より深いアセスメントにつながります。

(2) 学級集団のアセスメント

　学級経営では，生徒一人一人と同様に，学級という集団の状態についても客観的に把握して対応していくことが求められます。そこで，集団を把握するための具体的な方法をもち，それについても習熟しておくとよいでしょう。
　早稲田大学の河村茂雄教授が開発した「楽しい学校生活を送るためのアンケートQ-U：QUESTIONNAIRE-UTIRITIES」（以下Q-U）は，生徒個々の理解と同時に，集団の状態を把握できる質問紙です。Q-Uは「いごこちのよいクラスにするためのアンケート」と「やる気のあるクラスをつくるためのアンケート」の2つで構成されています。15〜20分ほどで実施できます。

学級集団が生徒にとっていごこちのよい場所になれば，生徒たちの学級集団への適応感が高まるだけでなく，いろいろな活動に主体的に取り組む意欲につながります。生徒が学級集団をいごこちよく感じるのは，次の2つが満たされたときです。

① だれからも被害を受けず安心して教室にいられる。
② クラスの友達や先生から大切にされ認められていると感じられる。

Q-Uでは，①を被侵害得点（低い方が望ましい），②を承認得点（高い方が望ましい）で測り，この2つの視点から，生徒を4つのタイプに分けて理解します。また学級全員の結果を下図のようなグラフにプロットし，どのタイプの生徒が多いか，分布の状態を見ることで集団の全体像を視覚的に把握することができます。Q-Uについての詳細は，河村茂雄著『学級づくりのためのQ-U入門』や『学級集団づくりのゼロ段階』（図書文化）なども参照してください。

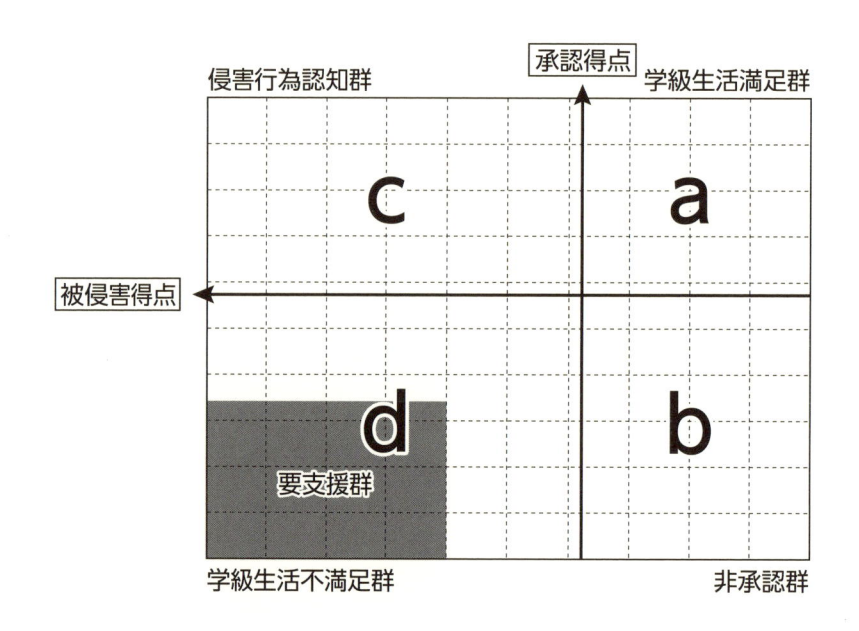

図3　Q-Uによる児童生徒の4タイプ

① 学級生活満足群
　図3のaの群の生徒は，学級内に居場所があって学級生活や部活動などいろいろな活動を意欲的に送っていると考えられます。彼らが現状をより快適に維持できるように，より広い領域で活動できるように援助します。

② 非承認群

　図3のbの群の生徒は，日常生活の中でいじめを受けるなど不安なことはないけれども，あまり目立たないので，学級の中で友達や先生から認められることが少ない生徒です。学級生活やいろいろな活動に対して意欲がみられず，教師にとって注目することが少ない生徒とも考えられます。そこで，彼らが友達から認められるような場面設定を工夫したり，教師からの言葉かけを意識して多くしたりすることが有効になります。担任一人ではなく，学年団や部活動の担当など学校全体で，意識して生徒にかかわる場面を多くしていきます。

③ 侵害行為認知群

　図3のcの群の生徒は，学級生活やいろいろな活動に意欲的に取り組むのですが，そのプロセスでトラブルが生じてしまうことがあります。また，いじめや悪ふざけを受けている場合も考えられます。本人に自己中心的な面がある場合も見受けられるので，トラブルを訴えてきた場合は，表面的な指導をするのではなく，どういう理由でトラブルになったのか，互いの感情はどうだったのかなど，時間をとって丁寧に考えさせることが必要です。また，必要に応じて，ソーシャルスキルトレーニングを行うとよいでしょう。

④ 学級生活不満足群

　図3のdの群の生徒は，いじめや悪ふざけを受けている可能性が高いと考えられます。また，学級集団への適応感が低く，不登校に至ってしまう可能性も高くなります。とくに左下の「要支援群」の生徒には，緊急な対応が必要と考えられます。そこで早急に個別面談を行い，本人の困り感について具体的に聴き取り，学級担任だけでなくチームで対応を行っていきます。

3 学級経営についての評価・検証

(1) R-PDCA サイクル

　学級経営は，アセスメントをして，実践したら終わりではありません。実践をしたら，その結果を評価し，また次の実践の改善に反映させていくというサイクルを繰り返していくことが大切です。なぜなら，初めにアセスメントで読み取った状況というのは，あくまで仮説だからです。その仮説が正しかったかどうかは，その後の指導や支援の過程における生徒や学級の変容を通して，初めて確かめることができます。

　ですから，アセスメントと同様に，実践の結果についても，多様な方法で評価をしていくことが大切です。ここでも Q-U などの質問紙を活用することで，教師の観察だけではわかりにくい個と集団の状態を客観的に分析することができ，次への取り組みに生かしていくことができます。

Act・改善
取組みを修正する。今後に向けてポイントを明らかにして実践する
- 効果があった取組みは続けて行う。
- 効果が現れない時はやり方を変えるか，新たなものを取り入れる。

Research・調査
学級の個人や集団の状態を正しくつかむ
- Q-Uの結果や観察・面接などから，生徒一人一人のやる気や学級への思いについて，実態を把握する。

Check・評価
効果を検証する
- Q-Uなどを実施して，取組みが効果的であったかどうかを検証する。
- どの取組みが効果的であったかを分析する。

Plan・計画
取組みの目標や具体策を考える
- 学級経営案を作成する。
- 具体的なゴールイメージをもつ。
- 個別支援や学級集団への取り組みについて，いつ何をするか具体的に考える。

Do・実践
計画的に実施
- 環境約束・信頼仲間・キャリアのそれぞれの領域（第3章参照）において，学級の状態に応じたプログラムを実施する。

(2) 教師自身のアセスメント

　「顔についた墨は見えない」と言われるように、自分のことは自分では案外わかりにくいものです。また、悪いことや失敗したことが思いのほか気になったり記憶に残ってしまったりして、自分のことを正しく評価できないということもあります。

　セルフモニタリングという方法は、「自分にかかわる正しい情報を整理して、よいところはどんどん伸ばし、課題があればそれは何なのかを明確にするための方法」です。生徒へ指導を行う私たち自身が、自分は何ができて何ができないのか、指導や支援を行う際にどんな特徴があるのかを把握しておくことは必要です。次のチェックシートを使って、自分の特徴をチェックしてみましょう。

教師のセルフモニタリング

☐ 子どもを育てるという視点をもっている

☐ 子どもの成長の芽を伸ばす方法を知っている

☐ 子どもの話を否定せずに聴くことができる

☐ 指導と支援のバランスを考えた実践ができている

☐ 学級や子どもの状況に合わせて
　　指導のスタイルを変化させることができる

☐ 自分の指導行動を子どもがどう受け止めたかを考えている

☐ 子どものことを、いつもアンテナを高くして観察している

☐ 子どもの発達課題を理解している

☐ 自分一人でできないときには仲間の力を借りることができる

☐ チームで子どもの支援を行うことができる

☐ 子どもの前で自己開示ができる

4 蓄積データの活用

　学級の中の気になる生徒や生徒指導上の問題を抱える生徒。その生徒の困難さやその原因がわからないために，どのように支援したらいいのかわからず，表面上の困難さに振り回され，悪循環に陥ってしまうことがあります。また，不十分な理解による不十分な指導のために，生徒の行動が変わらない，あるいは悪化してしまったということもあると思います。このようなとき，生徒たちを『よく観察する』ことで，支援に役立てることができます。

　必要なのは，うまくいったときの情報です。私たちは，なぜうまくいかなかったのかという「失敗の責任追及」はよくしますが，なぜうまくいったのかという「成功の責任追及」は案外やらないものです。しかし，うまくいったときこそがチャンス！　生徒の行動が変化したときの場面や声かけを複数の場面でよく観察し，できるだけたくさん記録しておきましょう。それらをためていくことで，何がよかったのか，何がダメだったのかについての可能性を整理することができます。すると，うまくいった指導や支援の方法についての「蓄積データ」ができ，校内で共有することができます。

　もし小学校からの引き継ぎ段階や，新年度で学級担任がかわる段階でこの「蓄積データ」をもらうことができれば，入学後，生徒への支援をスムーズにスタートできます。

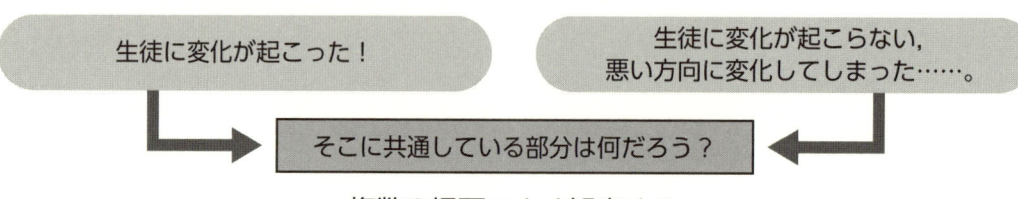

```
  ┌─────────────────┐         ┌─────────────────────┐
  │ 生徒に変化が起こった！│         │ 生徒に変化が起こらない，│
  └─────────────────┘         │ 悪い方向に変化してしまった……。│
            │                 └─────────────────────┘
            ↓                           ↓
         ┌──────────────────────────┐
         │ そこに共通している部分は何だろう？│
         └──────────────────────────┘
```

―複数の場面でよく観察する―

	うまくできている時	できていない時
場　面		
声かけ		
教　材		
備　考		

指導・支援の方法を探る	避けるべき状況を探る
うまくいったことは，どんどん取り入れる。「解決に行き着くまでに，どういうやり方が最も効率的なのか」，最短コースを導き出す。	ダメな方法を何度繰り返してもよい変化は起こらない。やり方を変えるか，何か新しい方法を考えることが必要。「効果のないやり方，避けるべき状況」を導き出す。

第3章

学級づくりカレンダー

1 学級づくりカレンダーの使い方

　第3章では，中学1年生，2年生，3年生の1年間に，学級で「何をめざしたらよいか」「何をしたらよいか」を具体的にまとめました。
　筆者らのこれまでの経験から，初任者の先生でも失敗しにくいと思われるもの，多くの生徒が楽しく取り組めると思われる実践を厳選しました。しかし，これだけをやればよいとか，これだけが正解ということではありません。第2章でも述べたように，学級経営で大切なのは「実践するは我なり」の精神です。それぞれの先生がめざす学級像に向け，本書をヒントに取り組んでください。

(1) 重点月について

　学級づくりカレンダーには，1年間のうち，①4月，②6月，③夏休み前，④9月，⑤冬休み前，⑥2月，⑦学年末，の7つの時期を取り上げました。
　高知市の調査（平成21～24年度）によると，6月，9月，10月，2月は，どの学年でも欠席者が増加しやすい傾向があります。なかでも6月と10月と2月は，生徒指導面や学習面の問題も顕在化しやすくなるので，注意が必要です。
　これらの時期を学校全体で重点月に位置づけ，生徒の様子に変わったところがないか，とくに注意をしていくとともに，第2章で紹介したQ-Uなどを使って，生徒や学級集団の状態を客観的につかんでいくとよいでしょう。
　また，年間30日以上の長期欠席者は，1年生の夏休み明け（9～10月）から増える傾向があります。そのうちの7割は，2年生になっても欠席が継続します。つまり，1年生の1学期を，うまく乗り越えさせることができるかどうかが勝負です。
　学級開きからの1週間は「黄金の1週間」と呼ばれ，どの学年においても重要な時期ですが，さらに1年生の1学期を「黄金の1学期」と位置づけ，すべての生徒に居場所がある学級づくりをめざしましょう。

(2) 3つの柱

　学級づくりカレンダーでは，集団のルールや規律が守られ，協力し合える人間関係があり，互いに成長し合うことのできる学級に育てるためのポイントを，「環境・約束」「信頼・仲間」「キャリア」の3つの柱で整理しました。
　例えば中学1年生の4月には，以下のように3つの視点から学級づくりを行います。
① 　環境・約束……安心して中学校での生活を送れるように，「学校生活のルール」「集団生活のルール」を確認し，なんのためのルールなのか「ルールの意味づけ」を行う。
② 　信頼・仲間……ともにすごす学級の「目標づくり」を行い，「相手を知る」「仲間とふれあう」活動を通して，新しい出会いにプラスの感情をもたせていく。

③　キャリア……「自己理解」から「将来へのメッセージ」という形で，これからの学校生活にポジティブなイメージを描いていく。また「学習ガイダンス」で，中学校での勉強の仕方を知らせていく。

　各時期のねらいとキーワードについては，P32，33に一覧を示しました。そちらも参考にしてください。

> ① **環境・約束**
> 　生徒たちが多くの時間を過ごす学級の環境には，「人的環境・物的環境・言語環境」などがあり，これらが整っていることが学級経営の基盤となります。
> 　そして，これを維持するためにみんなで守っていくものが「約束」です。学級の約束については，それぞれの約束の必要性を生徒にしっかりと説明し，遵守できた時にはすかさず声をかけるというサイクルで，早期の定着を図っていきます。
> ② **信頼・仲間**
> 　まず生徒が，「この担任となら1年間やっていけそうだ」「このクラスでなら1年間やっていけそうだ」と思えるようにすることが必要です。信頼関係というのは一方通行ではなく，相互の関係のうえに成り立ちます。まず教師が生徒を信頼することで，生徒からの教師に対する信頼が生まれてきます。生徒同士の信頼関係を築くためには，互いを知り合うための活動を意図的に取り入れていきます。
> ③ **キャリア**
> 　キャリア教育とは，生徒が将来キャリアを形成していくうえで必要な能力や態度の育成を目標とした働きかけです。生徒が「できている自分」に気づき，「どう生きたいか」「どう在りたいか」を考え，「なりたい自分」になれることを目ざします。一人一人の生徒が，発達に応じて「なりたい自分」を少しずつ実現していけるように，学級での活動や，友達や担任教師とのかかわり方を工夫していきます。

(3) エクササイズを使った人間関係づくり

　構成的グループエンカウンターやグループワーク・トレーニングのエクササイズには，学級の人間関係づくりに役立つものがたくさんあります。学級づくりカレンダーの「エクササイズを使ってみよう」のコーナーには，各時期にとくにおすすめと思われるエクササイズ名をあげておきました。巻末の参考文献からアクセスできますので，ぜひ実践してみてください。

カレンダーの見方

学年と時期
①4月，②6月，③夏休み前，④9月，⑤冬休み前，⑥2月，⑦学年末，の7つです。

3つの柱
【環境・約束】
【信頼・仲間】
【キャリア】

ねらい
「何をめざすか」，各時期のねらいを示しています。

キーワード
各時期の活動を考えるうえで重要な手がかりを示しています。

これだけは押さえよう！
忙しいとき，時間のないときはここだけをチェック！

活動
各時期にやるべきことと，その具体的な展開の方法を紹介しています。

中1　6月〈環境・約束〉

班づくりの心得

| Keyword | 席替えのポイント | 掃除は楽しみながら | 個人面談 |

これだけは押さえよう！
・学校生活に慣れてきて，ルールが定着してくるころである。班づくりや仲間づくりが，今後の学級づくりにつながるようにする。
・この時期に個人面談を行い，人間関係や学習に課題はないか見逃さないようにする。また生徒の関係づくりに面談を活用する。

席替えのポイント

班づくりは，仲間づくり
・班替えや席替えをする意味は，新たな人と出会い，成長することにある。つまり，いろいろな人とふれあうチャンスである。
・できるだけ早く，出会いのエクササイズや仲間づくりのプログラムをして，班の人間関係を深める。
・班づくりを通して学級内での人間関係が深まっていくようにする。
・班で役割を決めるときに，苦手なことにあえてチャレンジすることも意味があるということを学級担任が伝えておくとよい。

席替えのタイミング！
・ひとつの課題をクリアしたとき
・何かを成し遂げて，「この仲間で達成できた」と感じたとき

席替えをしたら
① エクササイズ（例えば，サイコロトーキング，新聞紙ジグソーパズル，私たちのお店やさんなど）を取り入れて，人間関係づくりを行う。
② 班の中の役割を決める。
③ 班でのルールを確認する。
　→ P81「班活動のルールづくり」を参照
④ 班の目標を決める。

42

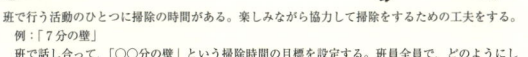

第3章　学級づくりカレンダー

　学級づくりカレンダーには，学年別に，①４月，②６月，③夏休み前，④９月，⑤冬休み前，⑥２月，⑦学年末，の７つの時期を取り上げました。また，各時期について，【環境・約束】【信頼・仲間】【キャリア】の３つの柱から，学級づくりのポイントをまとめました。

　やるべきことが多すぎて，時間がとれないという場合にも，「これだけは押さえよう」を読んで，各時期の「ねらい」と「キーワード」だけは押さえておきましょう。反対に，「何をしたらよいか」で困ったときは，具体的な活動の展開方法や「エクササイズを使ってみよう」が参考になります。

中学１年生 → P34へ　　中学２年生 → P78へ　　中学３年生 → P122へ

特別支援教育の観点から

気になる子への個別の配慮の仕方です。また，集団指導の中に，個別の配慮をどう位置づけるかを示しています。

成功の秘訣

活動の成否の分かれ目，上手に展開するためのコツを示しています。

エクササイズを使ってみよう

各時期におすすめのエクササイズです。やり方については，巻末の文献リストから，各書籍にアクセスしてください。

ねらいとキーワード一覧

月			4月		6月 重点月Ⅰ		夏休み前	
中1	環境・約束	大切なスタート！ 安心して生活するためのルールづくり	学校生活のルール		班づくりの心得	席替えのポイント	中学校生活のルールやマナーの見直し	行動の振り返り
			集団生活のルール			掃除は楽しみながら		モデルの発見
			ルールの意味づけ			個人面談		2学期への意欲
	信頼・仲間	新しい出会いにプラスの感情をもつ	目標づくり		自己肯定感と学級への所属感を高める	自己を見つめ直す	仲間を通して自分の成長を知る	仲間からのプラスのフィードバック
			相手を知る			仲間を認める		
			仲間とふれ合う			学級のよさの発見		個々の意欲
	キャリア教育	自分のよさや個性・自分なりの勉強の仕方	自己理解		進路学習の意義や必要性を理解する	教師の人生観	身近な人に学ぶ	インタビュー
			将来へのメッセージ			3年間の見通し		人生観
			学習ガイダンス			生き方を考える		生き方のモデル
中2	環境・約束	新しいスタート・学校生活の見直し	ルールの確認		楽しみながらルールの定着	主体的活動	自分たちで決めたルールの再点検	ルールの必要性
			1日の始まり			キャンペーン		個人の自覚と責任
			班活動			成功体験		自分の貢献度
	信頼・仲間	新しい人間関係を築く	出会いのチャンス		自己肯定感を高め、他者理解を深める	自分が好き	個々のがんばりと学級の成果を分かち合う	達成感
						友達が好き		分かち合い
			かかわりを楽しむ			学級が好き		成長
	キャリア教育	なりたい自分に近づく	いままでの自分		自律を促すフィードバック	教師のコメント	社会人の先輩に学ぶ	運命の出会い
			新しい自分					聴き方のマナー
			保護者からの見守り			自尊感情の変容		生き方を学ぶ
中3	環境・約束	最上級生としての大切なスタート！	学級目標		言語環境を整える	正しい言葉遣い	理想のリーダーとメンバーをめざす	真の協力とは
			夢を叶えるために			場に応じて		さりげないフォロー
			下級生に伝えるもの			言語・非言語		プラスの声がけ
	信頼・仲間	新たな学級のスタート〜1年間の軌跡〜	仲間との1年		みんなで学力アップ	ペア学習	仲間のすごさに気づける自分	みんなってすごい！
			学級のシンボル			団体戦		自分ってすごい！
			自分たちの足跡			進路意識の高揚		互いに成長
	キャリア教育	進路決定に向けて見通しをもつ	最上級生の自覚		パソコンを使って、自分のことを知る	ＩＣＴ機器の活用	上級学校を知る〜進路説明会・体験入学〜	上級学校を知る
			1年間の見通し			エゴグラム		聴き方マナー
			保護者との情報共有			自己分析		夏休みの学習計画

32

第3章 学級づくりカレンダー

	9月 重点月Ⅱ		冬休み前		2月 重点月Ⅲ		学年末	
快適な学級生活を自分たちの力で実現する	ルールの再確認	ルールの遵守の再確認	教室の環境美化	ルールからマナーへの進化	話合い活動	1年間のお互いのがんばりを認め合う	成長の共有
	役に立つ自分		ルールの再確認		習慣化		認め合い
	主体的な活動		みんなで点検		考えて動く		地道ながんばり
行事を通して仲間のよさを知る	行事を活用した仲間づくり	自分や仲間の成長を振り返り、3学期につなげる	自分や学級を見つめる	仲間とのかかわりを大切にし、新学年への希望をもつ	短所から長所へ	仲間からの支えを感じ、新学年に向けての目標をもつ	分離の儀式
			学級への愛着		自己肯定感を高める		自分へのエール
	仲間の一員である自覚		3学期につなげる		新学年への期待感		目標をもつ
自分たちの自分たちによる自分たちのための学級づくり	学級の一員としての自覚	生徒会活動の意義を考える〜生徒会役員選挙〜	組織に所属する自分	家族に対して感謝の気持ちをもつ	内観	2年生に向けての準備をする	自分を知る
	話合い活動		擬似体験		無償の愛		上級学校調べ
	自治活動の力		自治活動		感謝の気持ち		職場体験事前学習
中学校生活折り返し地点	本音で話す	自分の思いを伝える	アサーションの力	集団生活のなかで、心配りとして必要なことを知る	自律した学級	自分たちの教室との別れ	役割分担
	心で聴く		対立の解決法		心配り		学級への貢献度
	共感的理解		ロールプレイ		集団生活		教室への感謝
行事を通して学級への所属感を高める	学級の一員	学年の成長	映像での振り返り	学級の総仕上げ	仲間のよさ	最終学年に向けての準備	学級史
	役割遂行		学年集会		学級のよさ		達成感
	達成感		感動の共有		企画力		最終学年への自信
夏休みに出会った人の紹介	出会いを生かす	リーダーとしての役割と責任〜生徒会役員選挙〜	公の私	いまある自分を考える	内観	最上級学年に向けての心がまえ	不安や焦りの解決
	プレゼンテーション力		メンバーシップ		自尊感情の向上		3年生への感謝
	未来の自己紹介		リーダーシップ		節目のピリオド		
感動的な時間を過ごす	感動体験	面接のためのロールプレイ〜お互いに練習し合う〜	ロールプレイ	思いやりのある行動	さりげなさ	伝統のバトンタッチ	愛校心
	支え合う仲間		みんなで		相手を思いやる		思いを託す
	リーダー&フォロワー		進路に向かう気持ち		あたたかい空気		学び舎への感謝
大切な1冊〜ビブリオバトル〜	他者の価値観にふれる	仲間の力を借りてお悩み解決	カードトーク	全員で受験を乗り切る	エネルギーチャージ	伝説に残る卒業式	周りへの感謝
	自信をもって語る		安心感		見えない絆		全員参加
	大切な1冊		仲間意識		一体感		感動
未来通知票	めざす姿	未来は変えられる〜進路選択決定〜	情報提供	大切な人への感謝の気持ち	内観	新たな生活への一歩	守るべき伝統
	行動化		答えは自分の中		大切な人とのかかわり		後輩へのバトン
	面談		なりたい自分		感謝の気持ち		未来の自分

33

2 中学1年生の学級づくり

(1) 中学1年生の1年間とは

　入学式。期待と不安を胸に，中学校での新しい環境，新しい人間関係がスタートします。この節目を利用して，新しい自分になろうとしている生徒もたくさんいます。

　小学校と中学校の先生では，話し方から指示の出し方まで，随分と違いに戸惑うこともあるでしょう。小学校では許されていたことでも，中学校に入ると『校則』として禁じられていて，それを守らなくてはならないこともあります。このようなギャップは，いわゆる中1ギャップと呼ばれます。

　小学校卒業時は最高学年だった児童も，中学校入学と同時に新入生となり，いままでのリーダーシップを思うように発揮しにくいのもこの時期です。小学生から中学生へのバトンタッチをいかにスムースに行えるかは，この入学前後のバトンゾーンにかかっています。小中連携で生徒の何をどのように連携していくのかが鍵となるわけです。

　小学校になくて中学校にあるもの，それは部活動です。仮入部の期間中，1年生は自分の入りたい部活を体験できるのですが，ここでの人間関係もまたトラブルの元となることがあります。初めからこの部活に入ろうと決めている生徒と，どこに入ろうか迷っている生徒に温度差が生じるのは仕方のないことです。

　また，お兄ちゃん・お姉ちゃんがいるかいないかも，実は彼らにとっては大きな問題です。それによって，上級生からひいき目で見られたり，逆にからかいの対象になったりすることがあります。また，ちょっとしたことで上級生に目をつけられて呼び出され，怖くなって学校に来られなくなったり，逆に仲間に引き込まれたりするのもこの時期です。

　1年生の後半になると，生徒会役員選挙があります。新旧が入れ替わるこの時期に，1年生からも何人か生徒会役員に送り込まないと，次につながりません。多くの場合，教師からの声かけによって生徒会への道が開かれます。学級のリーダー，学校のリーダー，どちらで活躍するかも，彼らにとっては重要な選択です。

　すべての行事に「はじめての」とつく1年生にとって，上級生の取組みがよきモデルとなれば最高です。来年は自分たちも「あんな風になりたい」「あんなことができるといいな」と，夢が膨らむような振り返りの時間をもつとよいでしょう。

　宿泊を伴う行事では，「親からの手紙」をもとに内観を行うのもいいでしょう。思春期を迎えるこの時期だからこそ，自分に対する親の思いや親への感謝の気持ちなどを再確認しておくことで，勇気をもって仲間と共に自分探しの旅に出かけられるでしょう。

(2) 中学1年生　学級づくりのポイント

【環境・約束】

　ルールはみんなで活動するためのベースになるものです。学級内におけるルールには，

日常生活を送るためのルールとみんなと活動するためのルール，クラスメートとかかわるうえでのルールがあります。生徒にそれぞれのルールの必要性を説明し，遵守できた時にすかさず「～できたね」「～できるようになりました」などと承認の言葉かけをすることで，早期の定着を図りましょう。

【信頼・仲間】

まずは生徒が「この担任と1年間やっていけそうだ」「このクラスで1年間やっていけそうだ」と思えるようにすることです。そのためにも教師自ら自己開示し，モデルを示しましょう。また，閉鎖的な小集団をつくらなくても安心して過ごせるよう，自分のクラスにはどんな人がいるのかを知るための活動を取り入れましょう。

【キャリア】

中学受験に失敗して不本意入学してくる生徒もいます。「この学校に入学してよかった」と思えるよう，学校の特色やいいところをたくさんアピールしましょう。そして，この学校でどんな3年間を過ごしたいか，夢や希望がもてるような活動を取り入れましょう。

4月	環境・約束	大切なスタート！　安心して生活するためのルールづくり	P36
	信頼・仲間	新しい出会いにプラスの感情をもつ	P38
	キャリア	自分のよさや個性・自分なりの勉強の仕方	P40
6月 (重点月Ⅰ)	環境・約束	班づくりの心得	P42
	信頼・仲間	自己肯定感と学級への所属感を高める	P44
	キャリア	進路学習の意義や必要性を理解する	P46
夏休み前	環境・約束	中学校生活のルールやマナーの見直し	P48
	信頼・仲間	仲間を通して自分の成長を知る	P50
	キャリア	身近な人に学ぶ	P52
9月 (重点月Ⅱ)	環境・約束	快適な学級生活を自分たちの力で実現する	P54
	信頼・仲間	行事を通して仲間のよさを知る	P56
	キャリア	自分たちの自分たちによる自分たちのための学級づくり	P58
冬休み前	環境・約束	ルールの遵守の再確認	P60
	信頼・仲間	自分や仲間の成長を振り返り，3学期につなげる	P62
	キャリア	生徒会活動の意義を考える～生徒会役員選挙～	P64
2月 (重点月Ⅲ)	環境・約束	ルールからマナーへの進化	P66
	信頼・仲間	仲間とのかかわりを大切にし，新学年への希望をもつ	P68
	キャリア	家族に対して感謝の気持ちをもつ	P70
学年末	環境・約束	1年間のお互いのがんばりを認め合う	P72
	信頼・仲間	仲間からの支えを感じ，新学年に向けての目標をもつ	P74
	キャリア	2年生に向けての準備をする	P76

中1　4月（環境・約束）

大切なスタート！
安心して生活するためのルールづくり

Keyword　学校生活のルール　集団生活のルール　ルールの意味づけ

これだけは押さえよう！

- 生徒が安心して生活ができるように，中学校生活のオリエンテーションを行う。
- 小学校からの引継ぎ情報を確認し，留意する点を教職員間で共有する。
- 中学校生活の大切なスタートにあたり，生徒たちがルールの意味を理解し，遵守できるようにていねいに支援をする。

中学校生活のルール

- 新しい友達や先輩，教師との出会いはスタートが大切!!
- 仲間の「よさ」をみつけて，「認め合う」活動を，ルールづくりにも入れていく。

先輩のすごい！をまねしよう

入学式後のオリエンテーションで，生徒会執行部が中心となって説明する。

- ☐ あいさつの仕方
- ☐ 身だしなみの整え方
- ☐ 集会での並び方
- ☐ 掃除の仕方
- ☐ 係活動でのリーダーシップ
- ☐ 部活動へ向き合う姿勢
- ☐ 授業へ向かう真剣さ

学級のルール

- ☐ 机やロッカーの整理整頓の仕方
- ☐ 提出物の出し方
- ☐ 班活動のやり方
- ☐ 係の仕事の約束ごと
- ☐ 授業での約束ごと

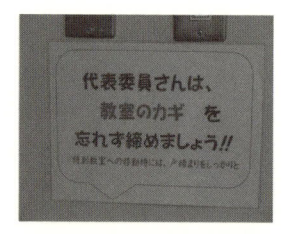

中学校での休み時間の過ごし方

- ☐ 授業の後，すぐに次の授業の準備をする（教科書やノート，そのほか必要なものを机の上に出しておく）。
- ☐ 次の授業の準備をした後で，トイレに行くなどの自分に必要なことをする。
- ☐ 教室移動のときは，すぐに並んで移動を開始する。

授業のルール

- 係を活用して，授業ができる態勢をつくる。教科委員が，授業が始まると同時に授業準備の点検をして，号令をかける。

➡ P60「授業の基盤づくり」を参照

ベストスチューデント賞

> ・「服装の乱れは心の乱れ」につながることがある。
> ・服装のルールを守れることを大切にして評価していく。

・服装のルールの定着を図るために早い時期に点検を行う。
・服装のルールが守れている生徒全員をベストスチューデント賞として表彰する。

女子の身だしなみ

スカートの
長さに注意

スカートの長さは，
ひざの下

（イスに座っても，
ひざがかくれる）

男子の身だしなみ

ベルトの位置に注意

ベルトの位置は，
ウエスト上

（肋骨と骨盤の間の
くびれた部分）

中1　4月（環境・約束）

特別支援の観点から

小学校からの引継ぎを生かす
- 小学校でがんばったことや得意なこと，苦手なことを本人と確認する。
- 想定される状況への手立てを保護者と共有する。
- 小学校からの引継ぎシートや蓄積データ（P26参照）を受け取り，生徒理解に役立てる。

黒板周りはすっきりと
- 情報の視覚化は効果的な手立てである。しかし，黒板周りに掲示物をいくつも貼ってしまうと，気になって授業への集中力がとぎれてしまう生徒もいる。掲示物は後ろに貼る。

見通しをもたせる
- 初めての行事や学習の前には，生徒の不安が少なくなるように，スケジュールややり方について流れを掲示するとともに，事前に伝える。

成功の秘訣

☐ **学級通信の利用**　学校生活のルールは学級だよりに載せ，保護者にもわかるようにする。
☐ **ルールの視覚化**　学級の望ましい姿を掲示することで，視覚的にルールを意識させる。

参考文献：尾﨑朱（2013）「教室環境準備のワザ―①壁面掲示」曽山和彦編『気になる子への支援のワザ』教育開発研究所　p.20

中1　4月（信頼・仲間）

新しい出会いにプラスの感情をもつ

Keyword　目標づくり　相手を知る　仲間とふれ合う

これだけは押さえよう！

- 学級づくりはスタートが肝心。
- 入学式での出会いから1週間で，生徒に「この学校でよかった」「この学級ならやっていけそう」という安心感やプラスイメージをもたせる。
- 学級担任はどういう学級にしたいのかを明確にし，それを生徒たちに伝え，お互いにゴールのイメージをもって，学級づくりをスタートする。

出会いの1週間

「1年〇組ミニ入学式」

① 1年〇組の仲間（呼名）
② 詩の紹介
③ 担任はこんな人（学級担任の自己紹介）
④ 中学校はこんなところ
⑤ こんなクラスにしよう（担任の思いや願いを語る）
⑥ 3つの約束（あたたかく居心地のよい学級にするために）
　例：「仲間を大切にしよう」「自分を大切にしよう」「何事にも積極的に挑戦しよう」
⑦ 保護者の皆様へ

・全校での入学式とは別に，学級の入学式を初日に行おう！

最初の学活で伝えたいこと

- 中学校は教科担任制。たくさんの先生がみんなを見守ってくれる。
- 部活動では自分の可能性に挑戦しよう。
- 将来の土台となる3年間。授業を大切にして，当たり前のことをしっかりやろう。
- 思いやりのあるあたたかい学級にしよう。

詩の紹介

- これからの中学校生活に希望をもてるような詩を担任が用意する。
- 詩を黒板に書いておいたり，拡大コピーして貼っておいたりする。
- ミニ入学式のなかで，学級みんなで声に出して読む。

＜おすすめの詩＞
- 相田みつを（2001）『じぶんの花を』文化出版局
- 326（ナカムラミツル）（2012）『明日にはまだ失敗がない　それだけで生きる価値がある』ミライカナイブックス
- きむ（2006）『あなたが生きる今日が素晴らしい』いろは出版　　　　　　など

学級開きのプログラム

ルールの定着と人間関係づくりのチャンス。エクササイズのねらいを明確にして行う。

	エクササイズ	対象	時間	ねらい
1	はじめましてジャンケンゲーム	学級全員	10分	二者関係を築く。
やり方	①教室の中で自由に歩き，出会った人と握手をして，自己紹介（名前・趣味・好きな教科など）をする。 ②自己紹介が終わったらジャンケンをし，勝った人が相手に一つ質問をする。			
2	バースデイチェーン	学級全員	5分	ルールを守ることを体験する。
やり方	①全員で大きな輪になって並ぶ。 ②話をせずにジェスチャーなどを使って誕生日を伝え合い，基準日（例えば4月1日や1月1日）から誕生日順に並び直すことを伝える。 ③誕生日が1番早い子どもが並ぶ位置を決め，誕生日順に並び直す。			
3	合わせてポン	2人組・グループ	10分	呼吸を合わせる。以心伝心。
やり方	①バースデイチェーンで隣になった人と2人組になる。 ②「合わせてポン」のかけ声でジャンケンをする。 ③時間内に同じものを出せた（あいこになった）数を数える。 ④次に，かけ声とともに出す指の数（1本・2本・3本・4本・5本）で合わせ，何回合ったか数える。3～4人のグループでやってもよい。			
4	担任・副担任を知る イエス・ノークイズ	グループ	50分	エクササイズ「X先生を知るイエス・ノークイズ」参照
	【やり方】については，「X先生を知るイエス・ノークイズ」を参照。			
5	シェアリング	グループ	10分	
	グループで1から4の活動を振り返り，感じたことや思ったことを分かち合う。			

▶▶▶シェアリングとは

シェアリングとは，エクササイズを通して，感じたこと気づいたことをホンネで伝え合い，共有し合うこと。振り返り用紙などを用いて，感じたこと気づいたことに対して，生徒が自分と向き合いやすくする。学級担任は，生徒の発言に対して価値づけをせず，受容し，自己主張，自己開示，自己表現する大切さ，楽しさを子どもたちに体験できるようにすることが重要である。

成功の秘訣

- □ **全員と話す** 学級の子ども全員の名前を呼んで，出席をとる。
- □ **プラス評価** 出席をとるために呼名をする際に，「姿勢がいいね」「朝早く来ていたね」「返事がいいね」などと何か一言声がけをする。

エクササイズを使ってみよう

「友だちビンゴ」「質問じゃんけん」「X先生を知るイエス・ノークイズ」「友達発見」
＊エクササイズの詳細は，巻末（P169）の一覧表を参照

参考文献：諸富祥彦・植草伸之・浅井好・齊藤優・明里康弘編著（2002）『エンカウンターで学級づくりスタートダッシュ　中学校編』図書文化

中1　4月（キャリア）

自分のよさや個性・自分なりの勉強の仕方

| Keyword | 自己理解 | 将来へのメッセージ | 学習ガイダンス |

これだけは押さえよう！

・自分の将来や進路選択についてイメージし，なりたい自分になるために必要なことを意識できるようにする。
・各教科の学習のポイントについて知り，学習の仕方を身につけられるようにする。

自分のよさや個性を知る

中学校生活の夢や希望について作文を書く

☐ 中学校の生活のなかで，自分が挑戦してみたいこと。
☐ よりよい人間関係をつくるために自分に必要なこと。

中学生の誓い

ステップ1
・学習面と生活面における目標を宣誓書に書く。

ステップ2
・書いた宣誓書を発表する。
・宣誓書の確認欄に，隣の席の人とお互いにサインをし合う。

ステップ3
・学級担任も生徒たちに向けた宣誓書を発表する。

生徒用宣誓書の例

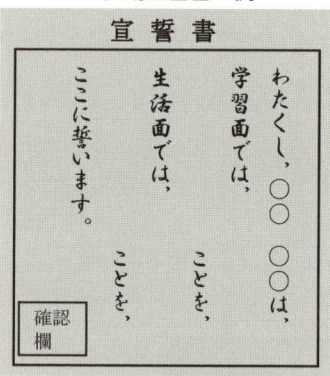

宣誓書

わたくし，○○　○○は，
学習面では，　　　　　こと，
生活面では，　　　　　ことを，
ここに誓います。

確認欄

学級担任用宣誓書の例

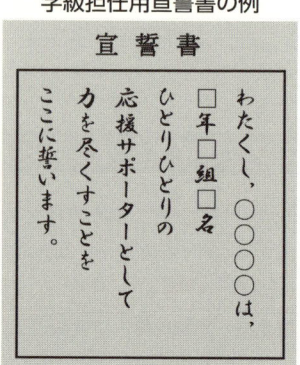

宣誓書

わたくし，○○○○は，
□年□組□名
ひとりひとりの応援サポーターとして
力を尽くすことを
ここに誓います。

学習ガイダンス

各教科の学習ポイントをまとめる

中学校の授業〜小学校とここが違う〜
① 中学校の授業について「小学校のときと違う」と感じていることや，中学校での勉強について困っていることを各自が書く。
② 一人一人が書いてくれたことをまとめて，学級で交流し合う。

教科担任の先生にお聞きしよう
① 「中学校の授業〜小学校とここが違う〜」で記入された内容を踏まえて，学級の実態に応じて，各教科担任の先生への質問項目を考える。
② 班ごとに担当する教科を決める。
③ 事前にインタビューのマナーを学習してから，各教科担任へのインタビューに臨む。

各教科の学習ポイント
① 「教科担任の先生にお聞きしよう」で，各班が聞いてきた内容を表にまとめる。
② まとめたものについて，全員分を印刷して配付する。
　※学級通信などに掲載してもよい。

私はこう勉強したい
① 「各教科の学習ポイント」を参考にして，各教科で自分がめざす成績を書く。
　＊成績は5段階評価でも期末テストの目標点数でもどちらでもよい。
② 目標達成のためにいままでやってきたこと，新たにやろうと思っていることなどを，具体的に記入する。
③ 記入したものをもとに，ペアやグループで交流する。

成功の秘訣

- **宣誓書のサイン**　宣誓書の確認欄に隣の席の人と互いの名前を書き合うことで，交流することができる。
- **信頼を得る**　学級担任も宣誓書を出すことで，「この先生なら自分を大切にしてくれる」と生徒が思えるように，生徒の心を引きつける。
- **学習の手引きの利用**　「私はこう勉強したい」には，各学校で作成している学習の手引書を活用するとよい。

中1 6月（環境・約束）

班づくりの心得

Keyword | 席替えのポイント | 掃除は楽しみながら | 個人面談

これだけは押さえよう！

- 学校生活に慣れてきて，ルールが定着してくるころである。班づくりや仲間づくりが，今後の学級づくりにつながるようにする。
- この時期に個人面談を行い，人間関係や学習に課題はないか見逃さないようにする。また生徒の関係づくりに面談を活用する。

席替えのポイント

班づくりは，仲間づくり

- 班替えや席替えをする意味は，新たな人と出会い，成長することにある。つまり，いろいろな人とふれあうチャンスである。
- できるだけ早く，出会いのエクササイズや仲間づくりのプログラムをして，班の人間関係を深める。
- 班づくりを通して学級内での人間関係が深まっていくようにする。
- 班で役割を決めるときに，苦手なことにあえてチャレンジすることも意味があるということを学級担任が伝えておくとよい。

席替えのタイミング！

- ひとつの課題をクリアしたとき
- 何かを成し遂げて，「この仲間で達成できた」と感じたとき

席替えをしたら

① エクササイズ（例えば，サイコロトーキング，新聞紙ジグソーパズル，私たちのお店やさんなど）を取り入れて，人間関係づくりを行う。
② 班の中の役割を決める。
③ 班でのルールを確認する。
　➡ P81「班活動のルールづくり」を参照
④ 班の目標を決める。

> みんなの意見をまとめてくれた○○さんに班長をお願いしたいな。

> このメンバーなら班長をやってみようかな。

掃除は楽しみながら

目標の工夫

班で行う活動のひとつに掃除の時間がある。楽しみながら協力して掃除をするための工夫をする。
　例：「7分の壁」
　班で話し合って，「○○分の壁」という掃除時間の目標を設定する。班員全員で，どのようにしたら設定時間内にすべての作業を終えられるか考えて行動する。設定時間の壁を乗り越えられたら，時間を短く設定し直していく。

個人面談の行い方

> こんな生徒を見逃さない！
> ・一人ぼっちでいる
> ・一人ぼっちのことが多い
> ・中間テストの点数が思うように取れていない
> ・休みがちである

中間テスト後の面談

・中間テストのあとに面談週間をとる。
・テストの成績だけでなく，中学校での友達関係や安心して過ごすことができているかについて，日常観察とあわせて話を聞く。
・身近な話題をもち出して，より生徒との距離を近づけるきっかけにする。
・今年の目標の確認をしたり夢を聞いたりしながら，中学校生活に必要なことについて話をする。
・Q-U を実施した場合は，分析結果も面談に活用する。

特別支援の観点から

話を否定しないで聞く
● まずは生徒の話をよく聞く。こちらが話をするときは，何の話をするか，いくつ話をするかなど，初めに見通しを伝える。

成功の秘訣

☐ **個人面談ファイル**　個人面談の前に，生徒の情報をまとめたファイルを作成しておく。

エクササイズを使ってみよう

「図形をつくろう」「無人島 SOS」

参考文献：松岡睦美（2006）「席替え・班づくり」河村茂雄編『集団を育てる学級づくり12か月』図書文化 pp.136-137

中1　6月（環境・約束）

中1 6月（信頼・仲間）

自己肯定感と学級への所属感を高める

| Keyword | 自己を見つめ直す | 仲間を認める | 学級のよさの発見 |

これだけは押さえよう！

- 4月・5月の学級づくりの点検，見直しをする。
- 生徒たちが自己や友達の内面を深く見つめ，「（自分も含めて）どの子にもいいところがあるんだ」と思うことができるような取り組みを工夫する。
- 協力体験を通して，学級にとって一人一人が欠かすことのできない存在であることに気づかせる。
- 毎日のがんばりを評価し，学級の高まりや成長が目に見えてわかるように掲示する。

自己肯定感を高める

アドジャンで自分を語ろう

【ねらい】自分のことをできるだけ多く語る。友達のいろいろな考えや思いに気づく。
【準備物】アドジャントークシート
【やり方】
① 各グループ（4～6人）にアドジャントークシートを配る。
② 「アドジャン」のかけ声で，じゃんけんの要領で0～5までを指で示す。
③ 全員の合計の1の位の数字のテーマについて，グループ全員が順番に話をする。
④ 各自が話し終わったら「以上です」と言って，話し終わったことを知らせる。
⑤ トークは1人1分以内。1人で時間を使いすぎないように注意する。
⑥ どうしても抵抗のある（話しにくい）テーマについてはパスを認める。
⑦ 振り返りをする。

アドジャントークシート

1の位	トピック
0	心に残るプレゼント
1	心に残る映画・本
2	10年後の自分はきっと……
3	この1年間でうれしかった出来事
4	いま，いちばん楽しみにしていること
5	好きな言葉
6	タイムマシンで行ってみたい時代と理由
7	自分の元気の源は？
8	ありがとうを言うとしたらだれに言う？
9	ドラえもんの道具でいちばん欲しいものは？

学級への所属感を高める

がんばり貯金

【ねらい】毎日の生活のなかでできていることを目に見える形で評価する。一人一人のがんばりが学級を高めていくことを実感できるようにする。
【準備物】貯金表，シール（またはスタンプなど）
【期　間】6月～学年末
【やり方】
① 学級の実態に合わせてポイント獲得の基準を決める。
② 目標までポイントが貯まったときの学級での行事を決める。
③ 毎日のがんばりを終学活で確認し，貯金表に貼っていく。

中1　6月（信頼・仲間）

がんばり貯金のポイントを☆シールにして「☆貯金表」を作成した例

ポイントが獲得できる基準（例）
ポイント1個
・チャイム前着席違反者オール「0」
・忘れ物「0」の日
・宿題プリント全員提出
ポイント3個
・金賞・優勝・1位など行事でのがんばりを評価
○個貯まればこの行事（例）
ポイント30個　学級レクリエーション大会
ポイント50個　学級スポーツ大会
ポイント70個　学級親子ボウリング大会
ポイント100個　バーベキュー大会

成功の秘訣

□ **視覚による意欲づけ**　ポイント獲得の基準は，学級の実態に合わせて決める。貯金表を必ず作成し，毎日の生徒たちのがんばりが目に見えるように掲示する。
□ **成功の責任追及**　ポイントを獲得できた日には，なぜできたのかをみんなで考える。
□ **生徒理解**　個人面談週間などを設定し，生徒一人一人とじっくり向き合って話す機会をもつ。

エクササイズを使ってみよう

「友達発見」「アドジャン」

中1　6月（キャリア）

進路学習の意義や必要性を理解する

| Keyword | 教師の人生観 | 3年間の見通し | 生き方を考える |

これだけは押さえよう！

- 進路学習とは何か，自分の将来をどう考えていくのかを意識させるために，3年後の自分，10年後の自分の姿について考えさせる。
- 教育委員会などが作成した進路ノートがあれば，それを有効活用する。

教師の人生観を語る

生き方のモデルを示す

【ねらい】教師自身が自分の人生観や自分が中学生のころのことを自己開示する。自分がどうやって進路を選択したかを語ることで，生徒たちに生き方のモデルを示す。

＜自己開示例＞

- 中学生のころ夢中になってやっていたこと _____
- 友達や先生とのエピソード _____
- 自分の得意なことや苦手なこと _____
- 中学生のころのことで，いまも役に立っていること _____
- なぜ教師という道を選んだのか _____
- 将来について，ほかに考えていたこと _____
- 人生の選択をどうやってきたのか _____
    ・学校に進むとき　・仕事に就くとき　・結婚を決めたとき　・病気や挫折したことなど
- これからをどう生きようと思っているのか _____
- 中学時代を生きるためのメッセージ _____

将来に目を向ける

どっちを選ぶ？〜未来予想図〜

【ねらい】自分のライフイベントを予想し，将来への見通しをもつ。
【やり方】
① 選択肢からどちらかを選ぶ（二者択一）。
　　Q1「将来，住むのは？」　一軒家　or　マンション
　　Q2「将来の職業は？」　　社長　or　公務員
　　Q3「子どもは何人？」　　1人　or　3人
② 人生の節目のときに，自分はどうしているか，ワークシートに予想を書く。

誕生　　年　　月　　日　　　　中学卒業　　年　　月　　日

成人式（20歳）

就職は（　歳）

結婚は（　歳）

子どもや家は？

仕事のポジションは？（どういう役職や立場でどのような仕事をしているか）

老後は？

成功の秘訣

☐ **雰囲気づくり**　折りにふれて，進路に対して生徒の意識を向けるよう心がける。
☐ **導入の工夫**　エクササイズ「二者択一」をアレンジして将来を考える導入にするとよい。

エクササイズを使ってみよう

「君の人生 How much」を参考にして，価値観や大切にしていることについて考える。

中1　6月（キャリア）

第3章　学級づくりカレンダー

中1　夏休み前（環境・約束）

中学校生活のルールやマナーの見直し

| Keyword | 行動の振り返り | モデルの発見 | 2学期への意欲 |

これだけは押さえよう！

- ルールやマナーについて自分の行動を振り返り，できていることと不十分なことを明らかにする。
- 振り返りの視点を明確にする。個人と同時に，学級の一員としての振り返りも行えるようにする。
- 仲間や教師からの肯定的な評価を大切にしようと伝える。モデルにしたい友達を見つけて2学期の意欲化につなげる。

友達をモデルに

学校生活のスキルを磨く

- ☐ 自分自身の行動を振り返る。
- ☐ 学級でお手本にしたい仲間を見つける。

	☆お手本にしたい人
【あいさつ】 ☐ 友達に自分からすすんであいさつをしている。 ☐ 先生や来客者とすれ違ったときに，会釈かあいさつをしている。 ☐ 朝のあいさつや授業のあいさつがしっかりとできている。 ☐ 職員室に入るときのあいさつ・ルールが守れている。	
【提出物】 ☐ 期限を守るよう，早めの提出を心がけている。 ☐ 提出前に，名前を確認している。 ☐ 遅れる場合は，その理由と期限を伝えている。 ☐ 遅れても必ず提出している。	☆お手本にしたい人
【時間】 ☐ 遅刻をしないように，余裕をもって登校している。 ☐ 5分前行動を心がけ，授業に遅れていない。 ☐ 時間を有効に使って活動している（掃除・委員会活動）。	☆お手本にしたい人
【授業】 ☐ 自分からすすんで，予習や復習をしている。 ☐ 宿題や持ち物を前日に確認している。 ☐ ノートをていねいにとり，重要な点など工夫してまとめている。 ☐ 積極的に授業にのぞみ，発言・話し合いをしている。 ☐ 先生や仲間の発言をしっかりと聞いて，自分の考えをもっている。	☆お手本にしたい人

1学期を振り返る

学期末振り返りチェック表

【ねらい】
1学期の行動を振り返り，2学期の目標につなげる。

【やり方】
① 個人で1学期を振り返り，ワークシートに記入する。
② Aの数の合計を記入する。
③ 今学期がんばったことを記入する。
④ 来学期がんばりたいことを記入する。
⑤ 回収し検印する。

項目	1学期	2学期	3学期
1．遅刻	A B C	A B C	A B C
2．服装	A B C	A B C	A B C
3．朝読書	A B C	A B C	A B C
4．チャイム着席	A B C	A B C	A B C
5．授業集中	A B C	A B C	A B C
6．忘れ物	A B C	A B C	A B C
7．提出物	A B C	A B C	A B C
8．掃除	A B C	A B C	A B C
9．言葉づかい	A B C	A B C	A B C
10．係・委員会活動	A B C	A B C	A B C
11．仲間への思いやり	A B C	A B C	A B C
12．善悪のけじめ	A B C	A B C	A B C
13．公共心（落書きなど）	A B C	A B C	A B C
14．家庭学習	A B C	A B C	A B C
Aの数の合計	個	個	個
今学期がんばったこと			
来学期がんばりたいこと			

A…大変よくがんばった
B…がんばった
C…がんばれなかった

【発展】
・今学期がんばったことや来学期がんばりたいことを班で交流する。
・面談の資料として提示し，1学期のルールやマナーを生徒と確認するとともに，がんばったことを学級担任から話す。

成功の秘訣

- □ **モデリングの促進** 学級の中には，よいモデル（お手本）がある。互いのよいところを意識し，真似できるようにする。
- □ **具体的評価** 行動への意欲をもたせるためには，ただ漠然とほめるのではなく，どこがどのようによかったのかを具体的に評価する。
- □ **班での交流** 交流をすることで，自分とは違う視点にも気づくことができるようにする。

参考文献：河村茂雄・品田笑子・小野寺正己編著（2008）『学級ソーシャルスキル 中学校編』図書文化

中1 夏休み前（信頼・仲間）

仲間を通して自分の成長を知る

| Keyword | 仲間からのプラスのフィードバック | 個々の意欲 |

これだけは押さえよう！

- 1学期を振り返り，互いの成長と学級としての高まりを学級全体で共有する。
- 「この学級でよかったな」「2学期もがんばろう」という思いを一人一人がもてるようにする。
- 2学期に向けて支援を必要としている生徒には，夏休み中に学級や部活動などでつながりをつくれるように，手立てをする。
- 夏休みの後半には支援を必要としている生徒の家庭訪問をするなど，夏休み明けにスムーズに学校に来られる配慮をする。

仲間からのプラスのフィードバック

いいとこさがし

【ねらい】
仲間のよさをたくさん見つけることで親和的な学級の雰囲気をつくる。

【準備物】
個人用台紙，メッセージカード，学級全員の名前カード

【やり方】
① 終学活で，名前カードが入った箱から数枚のカードを引き，次の日に「いいとこさがし」をする生徒を決める（全員の「いいとこさがし」が1週間で終わるように1日の人数を決める）。
② 「明日のいいとこさがしは○○さんです」と言って黒板に名前カードを掲示しておく。
③ 翌日の朝学活で日直が「今日のいいとこさがしは○○さんと○○さん…です」と紹介する。
④ 終学活でメッセージカードを配り，いままでに気づいたいいところや今日見つけたいいところを，対象者1人につき1枚のカードに書く。
⑤ 個人用台紙にメッセージカードを貼って学期末に渡す。相手を傷つけるような言葉がないか，学級担任が必ず確認する。

個人用台紙の例

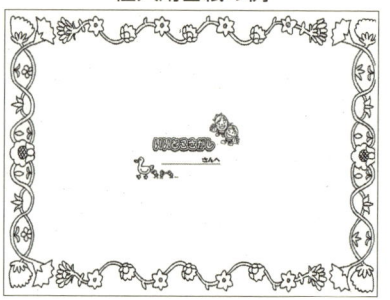

メッセージカードの例

個々の意欲を高める

いいとこさがしの振り返り

【ねらい】
仲間から見た自分のがんばりを知ることで，2学期への意欲につなげる。

【準備物】
個人用台紙にメッセージカードを貼ったもの

【やり方】
① メッセージを読む。
② ワークシートに感想を記入する。
③ ワークシートは学級担任が預かり，2学期の始業式に配る。夏休み前に2学期をどのように過ごそうと考えていたかを，読んで思い出す。

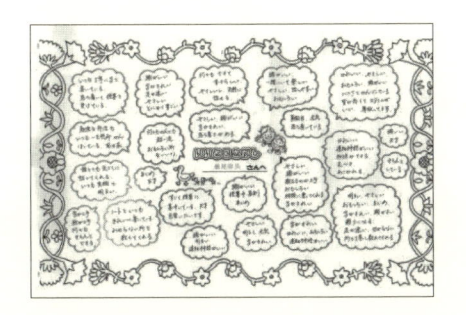

振り返りのワークシート例

☆「いいとこさがし」から発見したこと☆

1年（　）組　名前（　　　　　　　）

1　仲間からもらった「いいとこさがし」のメッセージを読んで，感じたことや気づいたことを書いてみましょう。

2　メッセージを書いてくれた仲間たちに対してどんな思いをもちましたか。

3　もうすぐ始まる夏休みではどんなことをがんばりたいですか。

4　2学期の自分へエールを送りましょう。

中1　夏休み前（信頼・仲間）

特別支援の観点から

〈書けない生徒への配慮〉社会性を広げるためのチャンス
- 個別対応で，学級担任や副担任がその子との会話のなかからカードに書く言葉を見つけるようにする。
- 「友達の今日の役割は何だった？」「そのとき，その人は何をやっていた？」などと具体的に問いかけながら言葉にしていくようにする。

成功の秘訣

□ **生徒のよさに気づく目を**　学級担任や副担任も参加し，折りにふれ，生徒のいいとこさがしを行っておくとよい。

□ **感謝の気持ちを広げるために**　個人用台紙にメッセージカードを貼る仕事は，実行委員をつくって生徒にまかせてもよい。

エクササイズを使ってみよう

「いいとこさがし」

中1 夏休み前（キャリア）

身近な人に学ぶ

Keyword　インタビュー　人生観　生き方のモデル

これだけは押さえよう！

- 夏休みを生かして，もっとも身近な社会人・職業人である家族から，働くことや地域の行事やボランティアなどに参加する姿を学べるようにする。
- 夏休み前から夏休み中にかけて，家族や親族，地域の大人とかかわる機会を設定する。
- 夏休み後，学んだことについて発表の場をもつ。

身近な人に話を聞く

中学生のころはどうだったの

① 身近な人の誰に話を聞くか決める。
② 聞き方のマナーを確認する。
　　親しき仲にも礼儀あり。丁寧語を使ってまじめに聞き取る。
③ どんな内容のことを聞くか，質問項目を考える。

中学生のころのことについて，家族や知人にインタビューをしよう。

聞いた人　　　　　　　　さん

Q1：中学生のころに，夢中になっていたことはありますか。

Q2：中学生のころに，得意だったことはありますか。

Q3：中学生のころに，苦手だったことはありますか。

Q4：中学生のころのことで，思い出に残っている出来事はありますか。

Q5：中学生のころに，将来は何になりたいと思っていましたか。

Q6：中学生のころにやっておけばいいことは，どんなことですか。

Q7：中学生への一言アドバイスをお願いします。

夏休みの課題

> 調べたことは2学期に発表する

職業調べ・資格調べ

家族や知人にインタビューして，職業について調べよう。

＊誰に聞いたか　　　　　　　　　　さん

Q1：働いているところはどういうところですか。（職業名や会社名）
Q2：一日何時間働きますか。（何時から何時まで）
Q3：その仕事には資格や免許が必要ですか。
Q4：その資格や免許はどうやって取得できるのですか。
Q5：その仕事の初任給はいくらもらえますか。
Q6：お休みは何日ありますか。
Q7：その仕事を選んだ理由はありますか。
Q8：その仕事のやりがいや楽しみはどういうことですか。
Q9：その仕事の大変なことや苦労はどういうことですか。
Q10：その仕事に就く人はどういう人が向いていますか。

仕事に必要な知識，技能，資格について調べよう。
例　・調理師や教諭などの免許について
　　・気象予報士やホームヘルパーなどの資格について
　　・英語検定やTOEICテスト（国際コミュニケーション英語能力テスト）について

＊どうやって調べたか。
　本やWeb　　　　　　　　　　　聞いた人
Q1：何のための免許や資格か。　　Q3：取得した後はどのように活用するのか。
Q2：どうやって取得するのか。

成功の秘訣

☐ **個人差への配慮**　職業調べは家族の個人情報を含むこともあるので，十分留意して扱う。また，家庭環境にも細やかな配慮をして，生徒に負担をかけないようにする。

☐ **調べたことの発表**　調べた内容は，模造紙に書いたり新聞にしたりするなどして，夏休み明けに発表の場をもち，学級全体で共有するとよい。

☐ **発展学習**　地域（町内会）の行事や祭り，ボランティア活動などに参加し，大人がどのようにかかわっているかについて，聞き取りをしてみることもできる。

エクササイズを使ってみよう

「いろいろな人が住むマンション」職業理解学習の導入に使うことができる。

参考文献：品川区教育委員会市民科カリキュラム作成部会（2006）『品川区小中一貫教育市民科［5・6・7年生］』教育出版

中1　夏休み前（キャリア）

中1 **9月**（環境・約束）

快適な学級生活を
自分たちの力で実現する

| Keyword | ルールの再確認 | 役に立つ自分 | 主体的な活動 |

これだけは押さえよう！

- 夏休み明けの状態に何らかの課題が予想される生徒については，スムーズに学校生活を再開できるように，夏休み中や始業式後の手立てを講じておく。
- 係活動のあり方を見直し，自分が学級の役に立っていると感じられるようにしていく。
- 生徒たちの手による係活動が充実するよう，ていねいに取り組ませる。

気持ちのいいスタートにするために

先手を打つ

夏休み明けに予想される課題

宿題ができていない

夏休み中の手立て
- 家庭訪問をする。
- 学校で宿題指導の時間を設ける。

9月の最初の手立て
段階に応じた設定
- 提出日を1週間延長する。
  ↓
- 本人と相談し，宿題の量を減らす。
  ↓
- 生徒に合わせて別課題を設定する。

生活リズムが崩れた

夏休み中の手立て
- 家庭訪問をする。
- 基本的な生活習慣の再点検をする。

9月の最初の手立て
行事の取り組みの中で
- 忘れ物がないようにする。
- 団体行動の心得を身につける。
- 遅刻を減らす手立てをするよう仲間から呼びかける。

友達ができていない

夏休み中の手立て
- はがきを出す。
- 家庭訪問や電話連絡をする。

9月の最初の手立て
仲間づくりと意図的な班づくり
- エンカウンターなどを行う。
- 意図的に生徒同士をつなげる班づくりをする。
- 係の仕事など，生徒同士がかかわる場面に誘う。

主体的な活動を通して人の役に立つ

中1 9月（環境・約束）

あったらいいな！　こんな係

【ねらい】学級生活がより快適になるように，学校や学年で決まっている係以外で，学級に必要と思われる係を考える。

【やり方】
① 1人に3枚程度の付箋紙を配る。
② 個人で書く時間を確保し，こんな係があればいいなと思う係を付箋紙1枚につき1項目書く。
③ 班の画用紙に付箋紙を貼る。
④ なぜ必要かという理由も含めて班で意見を共有する。
⑤ 班で係を3枚ほど選び，全体へ紹介する。
⑥ 各班から出された係について，全体でアンケートをとる。
⑦ 学級独自の係をつくって，実際に立候補を募り，1学期間やってみる。

> 困っている係をさらに助けてくれる「おたすけ係」はどうかな？

> それいいね！

> クラスを明るくする係もあればいいな

私はこの係でみんなの役に立ちたい！　　　　　　　　　　　　（　）班の選んだベスト3

	係　名	選んだ理由やこんな活動をしたいと思うこと
1		
2		
3		

成功の秘訣

☐ **生徒の意見を大切に**　否定しないで聞く。実現できない係の案も出ると思うが，そこに込められた生徒の願いを理解し，今後の学級経営に生かす。

☐ **ブレーンストーミングで**　柔軟な発想で考えることができるよう，すべての意見を否定しないルールを設け，多様な意見が出る工夫をする。

▶▶▶ブレーンストーミングとは，質より量で，たくさんの案を出す方法。

中1 9月（信頼・仲間）

行事を通して仲間のよさを知る

Keyword | 行事を活用した仲間づくり | 仲間の一員である自覚

これだけは押さえよう！

- 生徒の変化に気を配りながら，集団生活のリズムと学級での居場所を再確認する。
- 行事が多い2学期は，生徒同士のトラブルも増えてくる。トラブルは成長の大きな過程でもある。そうしたことも含めて，行事を通しての仲間づくりを進めていく。
- 一人一人が自分の役割（存在意義）を自覚し，互いを大切な存在と感じながら，協力する楽しさを実感できるようにする。

仲間づくりのために

意欲や居場所の再確認

☐ 夏休み前に書いた「振り返りのワークシート」（➡P51参照）を返却し，自分が2学期をどのようにがんばろうとしていたかを思い出させる。

☐ 少しでも気になる生徒がいたら，ゆっくり話を聴いたり，安心できる空間づくりを工夫したりする。

トーキングシリーズ～つながりの再確認と安心したスタート～

「さいころトーキング」や「二者択一」などのエクササイズで，夏休みの経験を語り合い，分かち合うことで，仲間とのつながりを再確認する。

「夏休みに見た映画は…」

「私にとって夏休みは…」

行事に向けて

学級の一体感を高める

① 事前にビデオなどで様子を見せ，体育祭全体のイメージが描けるようにする。
② それぞれの場面における自分の役割を理解する。
どの場面で，どういう行動をとることが役割を果たすことになるのか考える。
※①のビデオや写真の場面ごとに考えさせてもよい。
③ 個人目標と学級スローガン（合言葉）を考える。
教師の思いを語り，個人目標と学級スローガンを話し合う。

個人目標の掲示例　　　学級スローガンの例 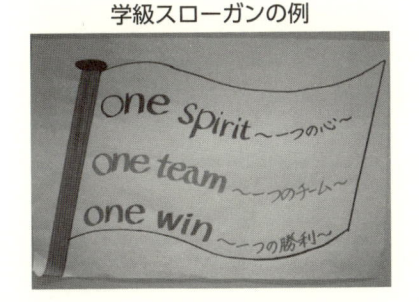　　　取組みの視覚化例

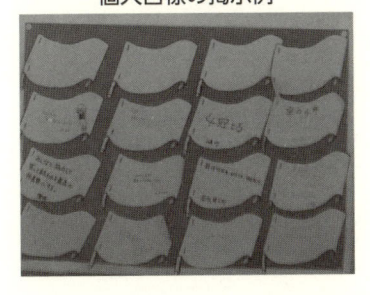

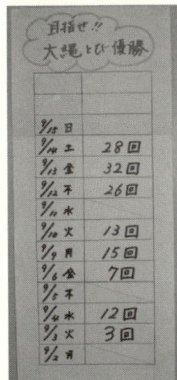

④ 取組みを目に見える形にする
（例）大縄跳びの優勝めざして，毎日15分は練習する。
　　　跳べた回数を表に記入する。
⑤ 体育祭後の振り返り
・一人一人のよさの発見，役割を遂行した達成感や協働の喜びを味わう。
・取り組んだことの意味を確認し，次の行事への意欲につなげる。

成功の秘訣

☐ **トーキングシリーズ**　ねらいやお題・話すテーマを生徒の実態に合わせて工夫する。
☐ **学級スローガン**　生徒たちの発想を生かし，全員が覚えられるくらいの長さで，いつでもどこでも口ずさめるフレーズにする。行事期間中はよく見えるところに掲示しておく。
☐ **肯定的評価**　集団活動にプラスの行動をしている生徒を評価する。個々の取り組みが集団に対してどういう役割を果たしているかを折りにふれ伝えていく。

エクササイズを使ってみよう

「アドジャン」「サイコロトーキング」「二者択一」「友だちビンゴ」「君はどこかでヒーロー」

参考文献：河村茂雄・粕谷貴志・鹿嶋真弓・小野寺正己編著（2008）『Q-U式学級づくり　中学校』図書文化

中1　9月（キャリア）

自分たちの自分たちによる自分たちのための学級づくり

Keyword　学級の一員としての自覚　話し合い活動　自治活動の力

これだけは押さえよう！

- 学級の状態を振り返り，自分たちの学級のよさや強みとなるところ，改善していきたいところなどについて話し合う。
- 自分たちの力で自らの学級をよりよくしていくために，何ができるかを考えさせる。

自分たちの学級をよりよくするための話し合い活動

1 ねらいを明確にする

- 何のために話し合うのかを明確にする。
- 自分たちの学級のことを自分たちで考えるために，話し合うことを伝える。

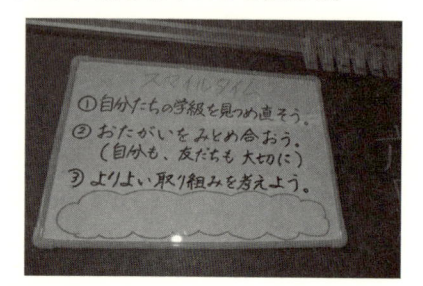

2 学級の強みや課題を考える

- 下記のような例をあげ，1学期の学級の様子について，具体的に想起させる。

【環境・約束】
　時間は守れたか
　学級のきまりは守れたか

【信頼・仲間】
　行事を楽しめたか
　がんばっている人が認められているか

3 個人の考えをもつ

- 学級のいいところ（強み）や課題に対して，さらによりよくなるために自分ができることを考える。

4 班で話し合い，全体で共有する

- 個人の意見を班内で共有したあと，どういう学級の姿をめざし，そのために具体的にどうするかということを班で話し合う。

自分はどんな学級にしたいのか

当事者意識をもって考える

　1学期は,「どんな学級にしたいのか」について, まず担任が自己開示をする。2学期は, 自分たちの生活の場である学級について, どんな学級にしたいのか各自で考え, お互いの「学級の理想像」を伝え合うことで, 友達の多様な考えにふれ合う機会をもつ。また1学期の学級の状態を振り返り, 学級の現在地をみつめることで, 現実味を帯びた考え方ができるようにする。

【やり方】
① 自分の考えている「こんな学級になったらいいな」というイメージを書く。
② 班で「こんな学級になったらいいな」というイメージについて話し合う。
③ 1学期の学級の状態を振り返る。

> **学級の現在地〜何ができていて何ができていないのか〜**
> 　学級の長所（できていること）
> 　　例　・学習の教え合いができる。
> 　　　　・一人一人が勉強は大事だと思っている。
> 　　　　・チャイム着席を守ることができる。
> 　学級の短所（できていないこと）
> 　　例　・教室にゴミが落ちている。
> 　　　　・友達を傷つける言葉が聞こえた。
> 　　　　・授業の開始前に教科書とノートが机上に出ていないことがあった。

↓

④ ゴールの時期を決め, そのときにどんな学級になっていればいいのかを班で考える。
⑤ その目標が達成されたらどんなよいことが起こるか考える。

> 「目標が達成されたら, きっと○○なクラスになるだろう」

↓

⑥ 目標を達成するために, 起こると思う問題の解決策を考える。

> 予想される問題（　　　　　　　　　　　　　　　　　　　　　　）
> 解決策（　　　　　　　　　　　　　　　　　　　　　　　　　　）

成功の秘訣

☐ **達成後のイメージ**　達成することが目的ではなく,「目標が達成されたら, きっと○○なクラスになるだろう」と, 達成後に起こるよい変化まで具体的にイメージする。

☐ **ゴールの時期**　生徒の意欲が持続する期間を見きわめてゴールを決める。

中1 冬休み前（環境・約束）

ルールの遵守の再確認

| Keyword | 教室の環境美化 | ルールの再確認 | みんなで点検 |

これだけは押さえよう！

- 中学生としての生活に慣れてくると，教室の整備や係活動など，決められたルールが次第に守られなくなってくることがある。ルールの見直し，再確認をする必要がある。
- 自分たちで教室の環境整備をしたり，約束を守って主体的に活動したりできるようにする。

授業の基盤づくり

ルールの再確認

［自分］
- ☐ 授業が始まる1分前には席についている。
- ☐ 授業中に私語することなく，先生や仲間の話を聞くことができている。
- ☐ 教科書や筆記用具は授業が始まる前に机の上に出している。
- ☐ 授業中に自分の考えを発言することができている。

［学級］
- ☐ 授業と休み時間の区別がついている。
- ☐ 教科委員の仕事が明確で係の仕事ができている。
- ☐ 授業が始まる前は黒板がきれいに消されている。
- ☐ 授業のなかで班活動をするときには，机をきちんと合わせて話し合いができるようになっている。

「自分」のルールの再確認

① 自分でできていること，できていないことを振り返る。
② ルールの再確認をする。
③ 自分が取り組むことを一つ決める。
④ 個人で3学期の努力目標を書く。

「学級」のルールの再確認

① 学級のできていること，できていないことを班で交流する。
② ルールの再確認をする。
③ 学級で取り組むことを一つ決める。
④ 学級の3学期の目標を書く。

第3章 学級づくりカレンダー

教室環境づくり

全体での取組みの例

・授業のはじめに美化委員が声をかける。
・1週間，終学活終了後に机を整頓する。
・班で机の整理整頓係を決める。
・学級のスローガンをつくる。

ルールへの意識を高めるために，学年目標として学年の廊下に掲示してもよい。

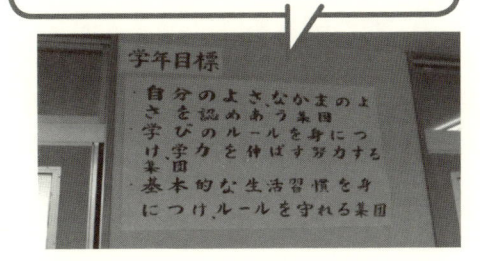

環境整備のひと工夫

例1 机を整理整頓するために，床にテープを貼って位置を示す。

例2 雑巾は常にきれいにし，端と端をていねいに伸ばして干す。名前を大きく書き，自分専用の雑巾として使う。

例3 ゴミ箱には，ビニール袋をかぶせて，口をしっかり結ぶ。

特別支援の観点から

机・イスの環境調節
● 机やイスの脚に古いテニスボールをはかせると，机やイスを動かすときの音が軽減される。
● 体に合わなくなった机やイスのサイズを調整する。

成功の秘訣

☐ **環境美化** 教室環境について誰もがわかるチェック項目を掲示しておく。
☐ **取り組み** 3学期に取り組むことをまずは1つ決める。

中1 冬休み前（環境・約束）

中1 冬休み前（信頼・仲間）

自分や仲間の成長を振り返り，3学期につなげる

| Keyword | 自分や学級を見つめる | 学級への愛着 | 3学期につなげる |

これだけは押さえよう！

- 自分や仲間の成長を振り返ることで，一つ高いステップから自分や学級を見つめさせる。
- 仕上げの3学期に向けて，さらに絆を深め，お互いに高め合える学級にしていこうと思えるように働きかける。
- 振り返りでは，それぞれの体験の意味づけや価値づけを教師の言葉で伝える。

自分や仲間のいいところを振り返る

仲間から見た自分

【ねらい】仲間のいいところを見つけて互いに伝え合うことで，自分のよさも仲間のよさも改めて感じて，絆を深める。

【準備物】ワークシート

【やり方】
① ワークシートに自分の名前を書く。班机にして，右隣の人にワークシートを渡す。
② ワークシートが手元にきたら，班員の名前の欄に自分の名前を書き，ワークシートの持ち主にあてはまる項目に5つ○をつける。
③ 1分たったら，教師が合図をし，右隣の人にワークシートを渡す。
④ 同様に②を繰り返す。
⑤ 自分のワークシートが手元にまわってきたら，じっくりながめる。
⑥ ワークシートを見て，感じたこと気づいたことを班で話し合う。

仲間から見た自分

自分の名前	※ 班員それぞれが，ワークシートの持ち主にあてはまる項目に5つ○をつける。
	班員の名前

1	誰にでもあいさつができる	
2	みんなにやさしい	
3	頼りになる	
4	困っている人を助けることができる	
5	人の話がよく聞ける	
6	リーダーシップがある	
7	人の役に立つ	
8	親切である	
9	進んで仕事ができる	
10	いつもまじめに活動できる	
11	時間を守れる	
12	好奇心旺盛である	
13	いろいろなことを知っている	
14	ユーモアがある	
15	何でも最後まで粘り強くできる	
16	何事も一生懸命取り組む	
17	元気いっぱいである	
18	いつも正直である	
19	勇気がある	
20	想像力が豊かである	
21	いろいろなアイディアを出せる	
22	話をするのが上手である	
23	読書をよくしている	
24	絵が上手である	
25	スポーツが得意である	
26	楽器が弾ける	

「どうして，ここに○をつけてくれたのかなぁ。」

「あのとき，そっとドアを閉めてくれていたよね。」

学級の重大ニュース

【ねらい】 2学期を振り返り，みんなが学級の重大ニュースと感じる出来事を出し合うことで，自分や仲間の成長を実感する。

【準備物】
・大きな行事や学級の出来事が想起できるようなもの（2学期の行事予定表を使ってもよい）
・カード（どんなものでもよいが，後で掲示できるようなものにする）
・箱（重大ニュースBOX）

【やり方】
① 2学期の行事やクラスの出来事を全体で振り返る。
② 個人で思い出しながら，学級の重大ニュースと思うもの（題と内容）をカードに書く。
③ 書き終わったら「重大ニュースBOX」に入れる。
④ 教師がBOXからカードを回収し，同じような内容のものをまとめる。
　※子どもたちで振り返り実行委員をつくってもよい。
⑤ 学級活動の時間に教師（または振り返り実行委員）がコメントを入れながら，一つ一つ紹介する。
　※このときの教師のコメントが大事。
⑥ どんなことが印象に残ったか班で語り合う。
⑦ それぞれのカードを模造紙（色画用紙）などに貼り，教室に掲示する。

> カメラ忘れ事件
> 校外学習で，楽しい思い出ができたのに先生がカメラを忘れていた。

> やりきった舞台発表
> 文化祭の舞台で，曲が止まるハプニングがあったけど，全員で最後まで踊りきれた。

重大ニュースBOX

クラスの重大ニュース

成功の秘訣

□ **愛着への布石**　学級への愛着が深まるように布石を打つ。
　① 子どものステキな表現を全体に紹介する。
　② 集団として望ましい行動については，意味づけをして全体に伝える。

エクササイズを使ってみよう

「別れの花束」「私は私が好きです。なぜならば…」「みんなでつくろうよりよいクラス」「いいとこさがし」

参考文献：川崎知己（1996）「私の四面鏡」國分康孝監修『エンカウンターで学級が変わる　中学校編』図書文化 pp.140-143
　　　　河村茂雄編著（2001）『グループ体験によるタイプ別！　学級育成プログラム　中学校編』図書文化 pp.152-153

中1 冬休み前（キャリア）

生徒会活動の意義を考える
～生徒会役員選挙～

Keyword　組織に所属する自分　擬似体験　自治活動

これだけは押さえよう！

・生徒会役員選挙の機会に，生徒会活動の意義を見直し，組織に所属する自分を考えさせる。
・「誰かがやってくれる」ではなく，自分たちの活動として，積極的に取り組む姿勢をもつ。
・本物の選挙物品に触れることで，将来，有権者となることへの意識を高める。

どんな学校にしていきたいか

生徒会役員選挙の意味を考える

【ねらい】
生徒会役員選挙は，自分たちの学校をどのような学校にしていきたいかを実現するために行うことに気づく。

【やり方】
① グループになって，自分たちの学校をどのような学校にしていきたいかということを画用紙に書き出す（ウェビング）。

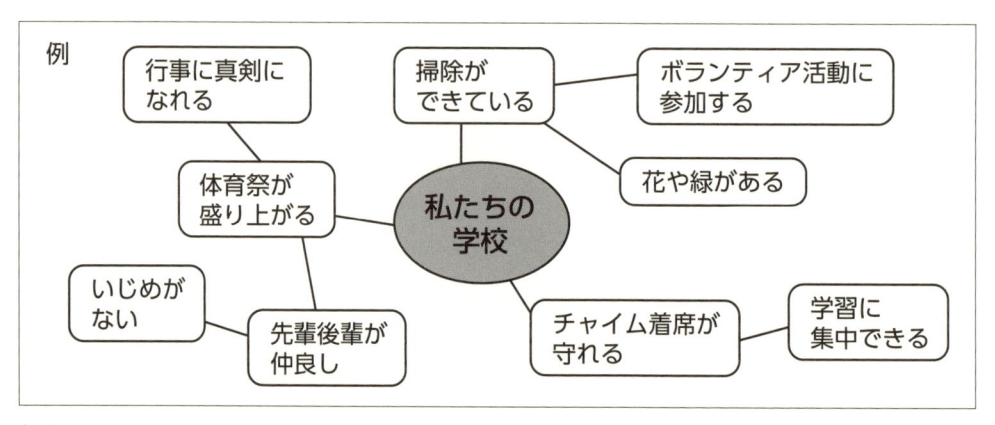

例

- 行事に真剣になれる
- 掃除ができている
- ボランティア活動に参加する
- 体育祭が盛り上がる
- 花や緑がある
- いじめがない
- 先輩後輩が仲良し
- チャイム着席が守れる
- 学習に集中できる

（中心：私たちの学校）

② 自分たちが思う学校になるために，どのような人に生徒会役員になってもらいたいかを考える。

「私が生徒会長になったら，いじめのない学校をめざします。」

「私は生徒会長になったら，校内の環境美化に力を入れたいと思います。」

組織に所属する自分

自分のこととしてとらえる

【ねらい】
自分たちの学校の生徒会組織について確認し，そのなかで自分がどのような役割を果たしているのかを意識する。

【準備物】生徒会の組織図

【やり方】
① 生徒会の組織図を確認して，興味のあるところを塗りつぶしてみよう。
② 執行委員会は，どういう役職で構成されているのだろう。
③ 執行委員会の役割は何だろう。
④ 各委員会はどんな仕事をしているのだろう。
⑤ 学校行事はどうやって企画運営されるのだろう。
⑥ 学級での自分の仕事は，生徒会活動のなかでどういう位置になるのだろう。
⑦ 生徒総会で話し合われたことは，どうなったのだろう。
⑧ 自分たちに与えられた権利と責任はどんなことだろう。

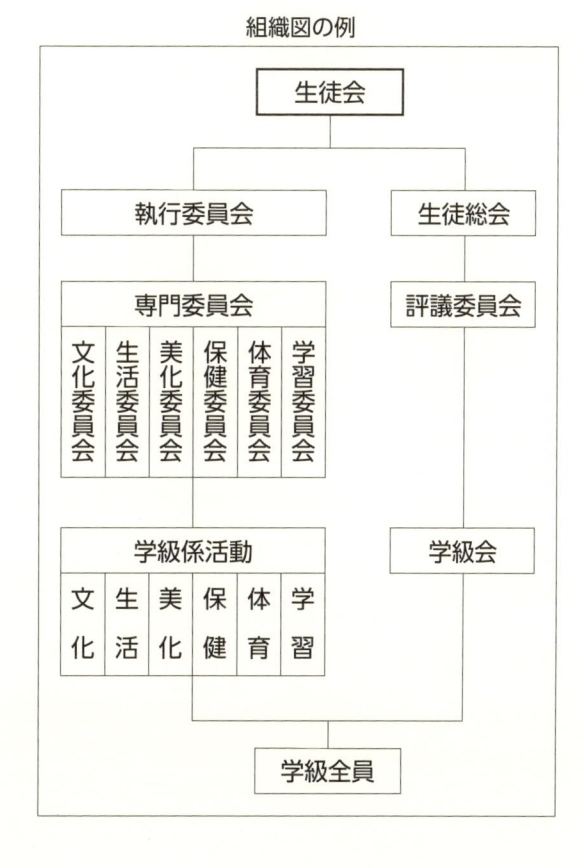

組織図の例

```
           生徒会
             │
    ┌────────┼────────┐
  執行委員会          生徒総会
    │                  │
  専門委員会         評議委員会
 ┌─┬─┬─┬─┬─┐
 文 生 美 保 体 学
 化 活 化 健 育 習
 委 委 委 委 委 委
 員 員 員 員 員 員
 会 会 会 会 会 会
    │                  │
  学級係活動          学級会
 ┌─┬─┬─┬─┬─┐
 文 生 美 保 体 学
 化 活 化 健 育 習
    │
  学級全員
```

中1 冬休み前（キャリア）

選挙体験学習として

【ねらい】
将来，有権者となってからの本物の「選挙」の雰囲気を体験する。

【準備物】
・実際の選挙で使用している物品（投票箱，記載台，投票箱設置台，投票所案内のぼり旗など）を各地域の選挙管理委員会などで借りる。

【やり方】
・実際の生徒会役員選挙に使う。
・実際の生徒会役員選挙の前に，選挙の模擬体験として実施する。

成功の秘訣

□ **本物体験** 本物の選挙物品を用いることで，選挙の雰囲気をつかむ。
□ **価値づけ** 実物品の借り入れの手続きや準備の苦労など，取り組みの過程も伝え，準備の大変さがあっても体験してほしい大切な内容であることを伝える。

中1　2月（環境・約束）

ルールからマナーへの進化

| Keyword | 話し合い活動 | 習慣化 | 考えて動く |

これだけは押さえよう！

- 3学期になると，学校行事を経て学級もまとまり，さまざまな課題や問題を克服しながら，ルールがしっかり定着してくる。
- 定着して習慣化したルールはマナー（人から言われなくても当然やること）になる。マナーをさらに「心配り」にまで高め，自分や相手のことを考えて動くことを促していく。

学校生活の見直し～ルールからマナーへ～

学級のルールで，できていることを確認する

- ☐ 自分たちの学級のルールには何があるか。
- ☐ ルールから一歩進み，当たり前にできていることは何か。
- ☐ さらにこの学級の仲間と気持ちよく過ごすために，自分たちにできる心配りは何か。

指導ポイント！
- マイナスの発言も否定しないで聞きながら，学級のできているところに気づけるように具体的な例を出していく。

【やり方】

① 議題を提示する。

「私たちの学級のルールで，みんなが当たり前の行動として，できるようになったことを確認しよう」

② 班で話し合う。

当たり前にできるって…

誰かに言われる前に自然とできている行動だよ。

③ 全体で確認し合う。

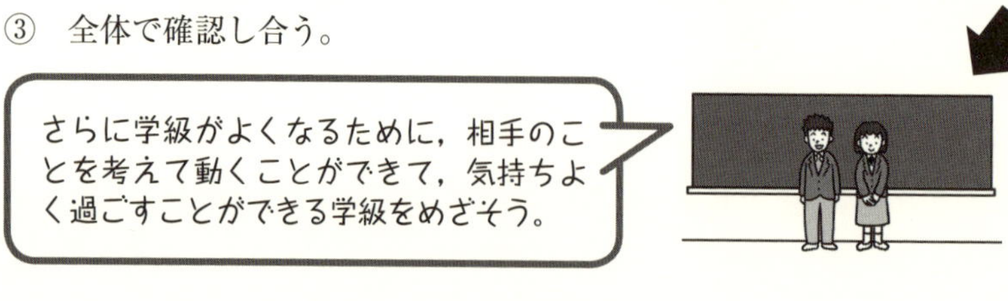

さらに学級がよくなるために，相手のことを考えて動くことができて，気持ちよく過ごすことができる学級をめざそう。

指導ポイント！
- まとめをしっかり聴ける学級の雰囲気をつくる。

ルールからマナー，やがて心配りへ

【ねらい】ルールがマナーになるとどういう行動になるのか，さらにステップアップして心配りとなるとどういう行動ができるのか，学級で共有する。

ワークシート例：**進化するルール**

	ルール ➡	マナー ➡	心配り
チャイム着席	チャイムが鳴る前に，全員が着席している。	机の上に教科書を出している。	教科書を開けて，予習ができている。
プリント集め	期限にプリントを集める。	提出しているかどうかチェックする。	出席番号順に並べて，チェック表と一緒に先生の机に置く。
黒板拭き			

上手な話し合いのポイント

話し合い活動のための教室環境整備
- ☐ 机の位置など教室の環境を整える。
- ☐ 机の上は筆記用具のみの状態にする。
- ☐ 聴く姿勢ができるまで待ってから話を始める。

話し合い活動のための事前指導
- ☐ 司会や記録などの役割分担をする。
- ☐ 話し合いの流れを司会進行役と打ち合わせておく。
- ☐ 資料やワークシートを準備しておく。

話し合い活動の実際
- ☐ 話し合いの目的を明確にする。
- ☐ 相手にわかるように話す。
- ☐ 発言するときは挙手をする。
- ☐ 発言者の意見をよく聴く。
- ☐ 議題を黒板に書いておく。

成功の秘訣

☐ **進化するルールのワークシート** ワークシートに模範回答はない。フリートークを大切にし，お互いの考えを分かち合いながら行動に移せるようにする。

中1 2月（信頼・仲間）

仲間とのかかわりを大切にし，新学年への希望をもつ

| Keyword | 短所から長所へ | 自己肯定感を高める | 新学年への期待感 |

これだけは押さえよう！

- 1年間を振り返り，学級の仲間の支えによって成長した自分に気づけるようにする。
- 学級の一員として生活するのも残りわずかである。身近な友達だけでなく，なるべく多くのクラスメイトとのかかわりをもたせ，残りの時間を充実したものにする。
- お互いを受け入れ，プラスもマイナスも含めて自分を認めたり，弱みを出し合えたりするような学級の状態にする。

仲間とのかかわりを大切にする

団結の輪

「わぁ！すご〜い！座れた!!」

【ねらい】
ピアヘルピング（助けたり助けられたりする活動，友達のよさを互いに見つけ合う活動）のなかで，相手の立場になって考え，学級における円滑な人間関係を築く。

【ウォーミングアップ】
指相撲，フィンガータッチ（いろいろな人と，指と指を合わせる）

【やり方】
① 学級全員が一つの輪になって立つ。
② みんなの肩が触れ合うまで輪の中心に歩み寄る。
③ 右向け右をして，前の人の肩に手を置く。
④ 1，2，3の号令で，みんなでゆっくり膝をまげ，全体重をかけるようにして後ろの人の膝に座る。

「最初は，こんなこと絶対できないと思ったけど，いつの間にかみんなが声をかけ合って，ほんとうに座れたときは，感動したなあ!!」

【留意点】
・ウォーミングアップを行い，身体接触に対する抵抗感を下げる。
・声をかけ合って互いの位置を確認し，安定した輪をつくる。
・危険のないように，広い場所で，複数の教師の補助のもとで実施する。

【活動後】
① 活動の振り返りをする。
自信のある生徒もいたと思うが，なかには不安に感じている人がいたことに気づく。
② シェアリングをする。
どんなことを感じたか，どんな声がけをしていたかをグループで話し合い，全体で感想を共有する。声をかけ合い，一人一人が成功させようという気持ちで協力していたことに気づく。

新しい学年に向けての希望をもつ

みんなでリフレーミング

【ねらい】
自分の短所も見方を変えれば長所でもあることを知り，自己肯定感を高める。

【やり方】
① 自分の短所だと思っていることを書く。
② 4人組をつくり，2人ずつに分かれて，相手の2人組のリフレーミングをする。
③ 4人組にもどり，リフレーミングした内容を発表する。
④ シェアリングを行い，感じたことを出し合う。

【留意点】
・自分の短所を語ることになるので，プラス面もマイナス面も含めて，弱みを出し合える学級になっているときのみ行うようにする。
・からかいやふざけは，絶対にしないように全体で約束しておく。
・単なる言葉遊びにならないように，本人が受け入れやすい表現を考える。

みんなでリフレーミング

リフレーミングとは，「心配性→慎重」のように，1つのものごとをいろいろな角度から見て言い換えることを言います。

■あなたが日ごろ短所だと感じている自分の性質を友達にリフレーミングしてもらいましょう
① あなたの名前を書きましょう
② あなたが自分の短所だと感じているところを書きましょう
③ ここまで書いたら，友達にこの用紙を渡して，友達の用紙をもらいましょう
■友達の短所をリフレーミングしましょう
④ しかし，見方を変えれば，それは

という長所なのです。
⑤ リフレーミングした結果を友達に伝えましょう
（　　）さんは，（　　）を短所だと思っています。
しかし，見方を変えれば，それは（　　）という長所なのです。
⑥ 感じたこと，気づいたことを書きましょう

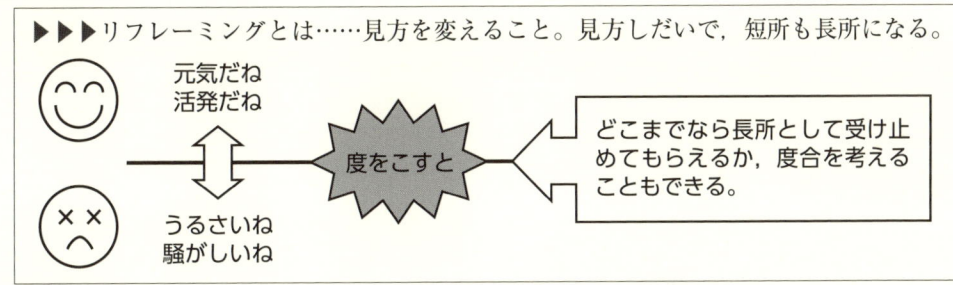

▶▶▶リフレーミングとは……見方を変えること。見方しだいで，短所も長所になる。

元気だね　活発だね　⇔　度をこすと　⇔　うるさいね　騒がしいね

どこまでなら長所として受け止めてもらえるか，度合を考えることもできる。

成功の秘訣

□ **身体接触への配慮**　団結の輪で男女混合での取り組みに抵抗がある場合は，男女別に行ったり，男女の列の間に教師が入ったりする。

□ **準備物**　語彙が乏しい場合は，リフレーミング辞書（言い換えリスト）を準備しておくとよい。

エクササイズを使ってみよう

「トラストウォール」実施の際には広い場所で，危険のないように注意して行うこと。

参考文献：ウイリアム・J・クレイドラー，リサ・ファーロン著，プロジェクトアドベンチャージャパン訳（2001）『ヒューマンチェアー　プロジェクトアドベンチャーの実践　対立がちからに　グループづくりに生かせる体験学習のすすめ』みくに出版　p.59
中里寛（1999）「みんなでリフレーミング」國分康孝監修『エンカウンターで学級が変わる③中学校編』図書文化　pp.82-85

中1　2月（信頼・仲間）

第3章　学級づくりカレンダー

中1 2月（キャリア）

家族に対して感謝の気持ちをもつ

| Keyword | 内観 | 無償の愛 | 感謝の気持ち |

これだけは押さえよう！

- 生まれてからこれまでの自分の成長にいったいどのくらいの費用がかかっているのか考えることを通して，金銭で計れない家族の愛情について考える。
- 家族に対するさまざまな感情が芽生える時期である。物心両面から自分を支えてくれている家族に対して感謝の気持ちをもてるようにする。

無償の愛

私の人生にかかった費用

【ねらい】お金だけではない家族の深い愛情に気づく。

【留意点】正確な金額を出すことが目的ではない。生徒の家庭状況やプライバシーなどに十分配慮し，食費や衣料品費，小遣いなどは一律の金額を設定し，一般的な金額を導く作業をするとよい。

【やり方】

個人で
① 私のために家族が使った金額はいくらだろう？ 予想金額 ¥　　　　円

グループで
② 生まれてきてから，これまでにどんなものが必要だったか，思いつくものをたくさんあげてみよう！ 　　　　　　＊ヒント　【衣】【食】【住】 ・赤ちゃんのとき　ミルク月5,000円・オムツ月5,000円… ・保育園（幼稚園）保育料月20,000円・給食費1日185円… ・小学生のとき　学用品費17,000円・給食費1日245円… ・中学生になって　制服12,000円・小遣い月500〜1,000円・学用品費20,000円・自転車7,000円… ・全体を通して　食費1日500〜1,000円・光熱費月6,000円・洋服類年30,000円・出産費用390,000円…

グループで
③ 費用を合計すると ¥　　　　円

グループで	個人で	発展
④ 予想金額と計算した金額をみて，感じたことや考えたこと，気になった項目について話し合おう。	⑤ 家族はどんな思いで私にお金を使っていたのか，感じたことを書いてみよう。	学級の実態に応じて，ペアやグループで交流し合うと，新たな気づきを見つけることができる。

身近な人に対しての感謝

いままでありがとう，これからもよろしく

【ねらい】
家族をはじめとする身近な人に支えられて，自分がいまあることに気づく。

【留意点】
虐待など家庭の問題を抱えている可能性のある生徒がいる場合には，この題材は扱わない。

【やり方】
① 自分にとって身近な人を，紙に書く。

② そのなかで，一番お世話になっていると思う人を一人選び，丸で囲む。

③ 自分のこれまでの人生を振り返って，その人にしてもらったことを書く。

④ その人に対して，感謝のメッセージを書く。

※感謝のメッセージの発信方法については，さまざまな家庭事情などを考慮して，実態に合わせた対応を考える。

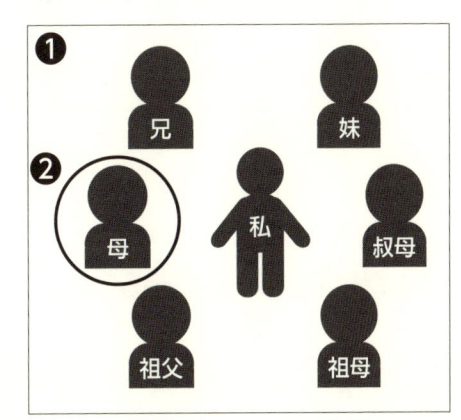

❶ 兄／妹／母／私／叔母／祖父／祖母
❷ （母を丸で囲む）

❸ 記入例：一番お世話になっている人【母】
〈してもらったこと〉
・食べさせてもらった ・お弁当を作ってくれた ・着替えをさせてくれた ・〜を買ってくれた ・病気のとき看病してくれた ・応援してくれた ・抱っこしてくれた ・心配してくれた…

❹ ＿＿＿＿＿＿さんへ
「いままでありがとう，これからもよろしくね」

＿＿＿＿＿＿より

成功の秘訣

- **BGMの工夫** 静かな曲を流し，落ち着いて考えられる雰囲気をつくる。
- **プライバシーへの配慮** 生徒のプライバシーには十分配慮する。金額や家族構成よりも，家族をはじめとする身近な人からの「無償の愛」に注目できるようにする。

参考文献：飯野哲朗（2005）「『内観のエクササイズ』の基本レシピ」國分康孝，國分久子監修『思いやりを育てる内観エクササイズ』図書文化　pp.79-81

中1　2月（キャリア）

中1 学年末（環境・約束）

1年間のお互いのがんばりを認め合う

| Keyword | 成長の共有 | 認め合い | 地道ながんばり |

これだけは押さえよう！

- 1年間を通して，地道にがんばってきたことを認め合う。ルールの大切さや，マナーが心配りとなり，気持ちのよい環境となって，みんなが過ごしてこられたことを確認する。
- 次学年へつなげるために，自分たちの成長したところを共有する。

1年間の振り返り

いろんなことがあった1年間。
振り返りをしながら，それぞれががんばってきたことについて，仲間と伝え合う。

私のがんばったことベスト3

1　1年間，どんな生活を送ってきたかな
　右の振り返りの項目を参考に個人の振り返りを行う。

1年間，どんな生活を送ってきたかな

No.	項　目
1	服装や身だしなみを整えることができた。
2	あいさつや言葉づかいに気をつけた。
3	集団生活でのルールが守れた。
4	健康・安全面に気をつけて過ごした。
5	友人や仲間と大きなトラブルなく過ごせた。
6	係活動など責任をもってできた。
7	学校行事や部活動など積極的に参加できた。
8	授業を真面目に集中して受けた。
9	定期テストに向けて計画的に学習ができた。
10	この1年間大変充実した1年であった。

2　○○さんのがんばったことベスト1
① 1の振り返り項目を参考に，班員全員に対して「○○さんのがんばったことベスト1」をカードに書く。

　　　　　　　　　さんが
この1年間がんばったことベスト1は，

＿＿＿＿＿＿＿＿＿＿＿＿＿＿＿です。
　　　　　　　　（　　　　　）より

② 書いた内容を発表して，班で交流する。

- 花子さんのベスト1は「係活動を責任をもってできた」です。
- 花子さんのベスト1は「あいさつができた」です。
- 花子さんのベスト1は「集団生活のルールが守れた」です。
- 花子さんのベスト1は「服装や身だしなみを整えることができた」です。
- 花子さんのがんばったベスト1は「行事に積極的に参加できた」です。

（花子さん）

※「○○さんのがんばったことベスト1」を伝えるときに，ちゃかしたりふざけたりしないことを約束しておく！

3 私のがんばったことベスト3
① 「私のがんばったことベスト3」をカードに書く。
② 書いた内容を班で一人一人発表する。

私のがんばったことベスト3は，「1　言葉づかいに気をつけた」「2　部活動に積極的に参加できた」「3　ルールが守れた」です。

私のがんばったことベスト3
名前（　　　　　　）
1　　　　　　　　
2　　　　　　　　
3　　　　　　　　

③ 発表のあと，一人につき数分ずつ時間をとって，さらに気がついたことを伝え合う。がんばったことベスト3をていねいに聞き合い，お互いのがんばりを認め合う関係でありたい。

シェアリング用シート

・班の仲間がつけ加えてくれたこと

・思ったこと感じたこと

成功の秘訣

☐ **振り返りの項目**　学級の状態を見て，取り上げる内容を考える。
☐ **発信**　「○○さんのがんばりベスト1」を学級通信に書いて，家庭へ発信する。

中1　学年末（環境・約束）

中1 学年末（信頼・仲間）

仲間からの支えを感じ，新学年に向けての目標をもつ

| Keyword | 分離の儀式 | 自分へのエール | 目標をもつ |

これだけは押さえよう！

- 学級編制替えを前に，愛着のあるいまの学級や仲間ときちんとお別れをして，新しい学年でもがんばっていこうとする気持ちをもたせることが大切である。
- うまくいったこともいかなかったことも，一つ一つをみんなと共に乗り越えてきたこと，意見を出し合ったり協力し合ったりするなかで自分たちの学級をつくりあげてきたことを確認し，次の学年でもこのような学級をめざすという目標をもてるようにする。

学級との別れ

> 愛着のあるよい雰囲気の学級であればこそ，学級との別れをきちんとしよう。

分離の儀式

【ねらい】
1年間を共に過ごした仲間に感謝の気持ちをもってお別れをする。

【準備物】
・メッセージを書く紙（花びらなどはさみで切りやすい形，人数分）
・色紙2枚（学級の人数が少ない場合は1枚）

【やり方】
① 花びら型のカードなどに，学級の仲間へ感謝のメッセージを書く。
② 一人ずつ発表しながら，カードを色紙に貼っていく。
③ できあがった色紙を学級の人数分コピーし，表面が見えるように重ね合わせてラミネート加工などをする。修了式の日に一人一人に渡す。

> 体育祭のとき，みんなが大きな声で応援してくれて嬉しかったです。

> この学級がよかったと思った人は，次の学級もきっといい学級になると思うよ。いい仲間と出会えてよかったね。

仲間への感謝の気持ち

> いよいよ学級解散の時期を迎える。1年間の振り返りをし，共に過ごした仲間にラストメッセージを送ろう。

中1 学年末（信頼・仲間）

勇気の言霊(ことだま)

【ねらい】
学級の仲間へラストメッセージを伝える。友達のあたたかさや優しさを感じる。

【準備物】
・リボンなどを通して首にかけられるようにしたケント紙（人数分）
　※ケント紙には生徒の名前と学級担任から一人一人へのメッセージを書いておく。
・カラーフェルトペン（人数分）　　・BGM（合唱コンクールなど思い出の曲）

【やり方】
① 言霊とは言葉に込められた魂のこと。学級の仲間に心を込めてラストメッセージを送ることを伝える。
② ケント紙を配る。学級担任からのメッセージが見えないように，ケント紙が背中にくるように，一人一人の首にかける。
③ まずは班の友達に，カラーフェルトペンでメッセージを書く。
④ 時間内に，学級の友達全員にメッセージを書く。

【留意点】
・一言も話をせずに行うことを最初に確認しておく。
・1年間共に過ごしてきたなかで，言葉にして伝えられていない「ありがとう」などの気持ちを伝える。
・生徒が共感できるようなメッセージを例として示す。
「あなたから○○してもらったことが嬉しかった」
「あのとき，○○と何気なく声をかけてくれたその言葉が嬉しかった」
「あなたの○○なところが，いつもすばらしいなと思っていたよ」

成功の秘訣

□ **雰囲気づくり**　勇気の言霊では，静かな雰囲気のなかで友達のあたたかさや優しさを感じられるBGMを準備しておく。
□ **学級編成替えがなくても**　学級編成替えがない場合も学年の節目として実施するとよい。

エクササイズを使ってみよう

「別れの花束」

参考文献：河村茂雄・粕谷貴志・鹿嶋真弓・小野寺正己編著（2008）『Q-U式学級づくり中学校』図書文化 pp.140-141

中1 学年末（キャリア）

2年生に向けての準備をする

Keyword 自分を知る｜上級学校調べ｜職場体験事前学習

これだけは押さえよう！

・各学校のキャリア教育計画にしたがって，「上級学校調べ」などの活動を行うことにより，上級学校への関心をもたせる。
・2年生1学期に実施されることが多い「職場体験学習」にかかわる事前学習を行う。

2年生に向けての準備

自分を知って，自分を伸ばそう

【ねらい】
自分の得意なことや興味関心のあること，いまは苦手としているけれども，今後，克服していきたいことを知り，将来の進学や就職のことを考える手がかりとする。

【やり方】
① 私が得意なこと・興味のあること・いまは苦手としていることを，次の分類から探してみよう。あてはまるものがない場合は，その他のところに具体的に書いてみよう。

A 人と接すること	B ものをつくること	C 自然や生き物に接すること
D 本を読んだり字や絵を書いたりすること		E 身体を動かすこと
F 他（　　　　　　　　　　　　　　　　　　　　　　　　）		

↓

② 得意なことや興味のあることを活かせる職業にはどんなものがあるか，考えてみよう。

| A 営業，接客，保育士，看護師，＿＿＿＿＿＿＿＿＿＿＿＿＿＿＿＿＿＿ |
| B 職人，デザイナー，工業，調理師，＿＿＿＿＿＿＿＿＿＿＿＿＿＿＿＿＿ |
| C 獣医，トリマー，飼育員，農林漁業，＿＿＿＿＿＿＿＿＿＿＿＿＿＿＿ |
| D 編集，記者，イラストレーター，＿＿＿＿＿＿＿＿＿＿＿＿＿＿＿＿＿ |
| E スポーツ選手，ダンサー，レスキュー隊員，＿＿＿＿＿＿＿＿＿＿＿＿ |
| F 他（　　　　　　　　　　　　　　　　　　　　　　　　　　　　　　） |

↓

③ 体験してみたい職業や職場を書こう。

上級学校調べ

上級学校について知ろう

① 下記の内容についてどのくらい知っているだろう。進路ノート（進路指導資料など）を見て理解したら ☐ を色で塗ろう。

種類（設置者）	国立　　公立　　私立
課程（形態）	全日制　定時制　通信制　多部制 学年制　単位制　中高一貫校
学科	普通科　専門学科　総合学科
科（コース・専攻）抜粋	生活コーディネイト科　ユニバーサルデザイン科　看護科　電気科 キャリアビジネス科　スポーツマネジメント科　アグリサイエンス科

② 通学手段や制服・学校の特色で自分の希望や気になっていることを書こう。

通学手段など	希望するものに色を塗る 徒歩　自転車　JR・電車・バス　寮
制服や学校の特色	調べたことを書く 学校名　　　　　　　　　　　　　　　　　　　　　 学校の特色など

成功の秘訣

- □ **進路ノートの活用**　進路ノート（進路指導教材）を適宜利用して、生徒が自分で調べて、理解するようにする。
- □ **クイズ形式**　上級学校調べは、校章クイズや制服当てゲームのようにして、生徒の興味関心を高める工夫をするとよい。

3 中学2年生の学級づくり

(1) 中学2年生の1年間とは

　クラス替えのある場合は，また新しい人間関係づくりからのスタートです。生徒にとって，仲のよかった子と同じクラスになれるかなれないかは，一番の関心事です。担任についても，「あの先生がよかった」とか，「この先生では」とか，生徒も（時には保護者も）言いたい放題です。だからこそ，学級開きの人間関係づくりがとても重要なのです。

　2年生になると，かれらは急にお兄さん・お姉さんの顔になります。新入生を迎え，部活の後輩ができるからです。あこがれの先輩のように自分たちもなりたいと，上級生としての自覚が出てきます。でも，そのぶん，部活では多種多様のトラブルが起こることを前提として考えておいた方がいいでしょう。

　2年生ならではの最大の行事は，職場体験学習です。この準備段階で，大人としてのソーシャルスキルをたくさん学ぶことになります。例えば，訪問先にアポイントをとるための電話のかけ方，応対の仕方，あいさつやお礼状の書き方に至るまで，幅広いスキルを身につけていきます。

　また，職場体験学習では，生徒がその後の自分のキャリアを考えるきっかけになるよう準備を進めていくことが大切です。ここでいうキャリアとは，「生き方在り方」のことです。生徒にとって一番身近な大人は親です。次に身近な大人は教師，その次がこの職場体験で出会う働く人々です。職業を通して，その人の生き方在り方を身近で感じとり，それぞれが体験してきたことを学校に戻って互いに分かち合えるように仕組みます。この活動により，生徒がいままで以上に多くの価値観にふれることができるようにしていきます。

　2年生は中堅学年です。その意味は，学校の中心になって自分たちが活動する番だということです。けっして「中だるみ」にはしません。しかし，1年生や3年生と同じように取組みをしていても，充実感が下がりやすいのが2年生の特徴です。ここでどれだけ踏ん張らせるかが，学習面においても生活面においても2年生の勝負どころとなるのです。この点を踏まえ，どのように「踏ん張る」かについてのヒントを，本章ではたくさん掲載しました。

　夏休み前，3年生が部活を引退すると，新しい部長を中心に2年生がかなめとなって1年生を引っ張っていきます。生徒会も同様です。新旧が入れ替わると同時に，どんな学校にしていきたいのかをこれからは自分たちで考え，判断し，行動していくことになります。

　また，地域によっては2年生で修学旅行に行く場合があり，そのための事前学習や班行動の計画立案など，話し合い活動の時間も増えます。一つの目標に向かってみんなで協力することが多くなってくるのも2年生の特徴です。そして，2年生最後の行事が3年生を送る会です。今までお世話になった3年生に感謝の気持ちを込めて準備します。

(2) 中学2年生　学級づくりのポイント

【環境・約束】
　学級編制替えがあってもなくても，ルールの再確認をして，いいスタートを切らせましょう。また，学級内のルールについては，生徒が主体となって，1年のときに「あってよかった」と思えるルールを持ち寄り，新たなクラスでのルールをみんなでつくり，「みんなでつくったルールはみんなで守る」ようサポートしていきましょう。

【信頼・仲間】
　同年代の仲間と語り合う中で，自分にはない新しい考え方を知ることができます。また，この時期は，自分の考えと外界を照らし合わせながら，価値観を構築していく大切な時期でもあります。そのためにも，少しずつでかまいませんので，本音を語り合えるような活動を取り入れていきましょう。

【キャリア】
　なりたい自分になるために，いまの自分に何が必要かを考えるチャンスです。職場体験学習や上級学校調べ，上級学校訪問などを通して，どんな自分になりたいのか，じっくりと自分と向き合う活動を取り入れましょう。

4月	環境・約束	新しいスタート・学校生活の見直し	P80
	信頼・仲間	新しい人間関係を築く	P82
	キャリア	なりたい自分に近づく	P84
6月 (重点月Ⅰ)	環境・約束	楽しみながらルールの定着	P86
	信頼・仲間	自己肯定感を高め，他者理解を深める	P88
	キャリア	自律を促すフィードバック	P90
夏休み前	環境・約束	自分たちで決めたルールの再点検	P92
	信頼・仲間	個々のがんばりと学級の成果を分かち合う	P94
	キャリア	社会人の先輩に学ぶ	P96
9月 (重点月Ⅱ)	環境・約束	中学校生活折り返し地点	P98
	信頼・仲間	行事を通して学級への所属感を高める	P100
	キャリア	夏休みに出会った人の紹介	P102
冬休み前	環境・約束	自分の思いを伝える	P104
	信頼・仲間	学年の成長	P106
	キャリア	リーダーとしての役割と責任〜生徒会役員選挙〜	P108
2月 (重点月Ⅲ)	環境・約束	集団生活のなかで，心配りとして必要なことを知る	P110
	信頼・仲間	学級の総仕上げ	P112
	キャリア	いまある自分を考える	P114
学年末	環境・約束	自分たちの教室との別れ	P116
	信頼・仲間	最終学年に向けての準備	P118
	キャリア	最上級学年に向けての心がまえ	P120

中2　4月（環境・約束）

新しいスタート・学校生活の見直し

Keyword | ルールの確認 | 1日の始まり | 班活動

これだけは押さえよう！

- 学級編制替えを行った場合は，新しい仲間や学級担任との初めての出会いとなる。1年生のときと同様に，ルールを確認して学校生活を始める。
- 特に，一日の始まりが落ち着いたものとなるように工夫する。

落ち着いた一日の始まり～朝読書～

朝読書の効果

- ☐ 朝のスタートが静かに，さわやかに始まる。
- ☐ 朝の学活や1時間目の授業へスムーズに移行できる。
- ☐ 集中力が身につく。
- ☐ 遅刻者が減少する。
- ☐ 本との出会いは「心の支え」にも，大切な「人生の宝物」ともなる。

「朝の読書」とは……
1988年に千葉県の船橋学園女子高等学校（現東葉高等学校）で「自分の生きる力を身につけさせたい」という願いから始められた運動です。

「読書＝生涯学習」

あなたが手に取った本は
あなたにとって
　一生の友になるかもしれない本です
学級の仲間にとって
　心の支えになるかもしれない本です
大切にあつかって，
　読んだら元に戻してね

朝読書のルール

「みんなで読む」
「毎日読む」
「好きな本を読む」

実施方法

① 読む本をあらかじめ各自が準備しておく。学級文庫を設置する。
② 時間になったら，本を出し，各自の座席で10分間ひたすら読む。
③ 係活動などの用事で遅れて教室に入る場合や遅刻してきたときには，読んでいる人の邪魔にならないよう，静かに着席し，速やかに読書を開始する。遅刻理由などは朝の学活で報告する。

班活動のルールづくり

班活動の心得

- [ ] 班長は，リーダーシップをとり，班員の役割分担をする。
- [ ] 副班長は，班長の補佐をする。班長と班員の間をつなぐ役目で，班長と協力して班をまとめる。
- [ ] 班員は，一人一役で，班長からの依頼は断らず，班の仲間として役目を果たす。

班活動は一人一役で

- [ ] 班活動での発表や記録は役割を固定せず，順番に行うように学級で決めておく。
- [ ] 話し合い活動では，班長が司会をする。全員が発言できるように話し合いのルールを決めておく。

教室の環境整備

> 辞書や読書用の本を並べるスペースを確保。

> 籠などを用意して，ロッカーでの荷物の置き方について工夫しよう。

> 教科書や体育シューズなど整理整頓しておこう。

> 掃除道具入れ。ほうきは，たてかけよう。

中2　4月（環境・約束）

特別支援の観点から

席替えの配慮
- 指示の理解が苦手な場合，モデルとなる生徒が前にいると，真似をして行動できる。必ずしも最前列がよいとは限らないので，生徒と相談して決める。
- 音に過敏な生徒は，比較的刺激の少ない端の席がよい場合もある。

成功の秘訣

- [ ] **一人一役**　班活動では必ず一人一役（司会・発表・記録）をすることを最初に決めておき，班長の指示でスムーズに活動できるようにする。
- [ ] **朝のスタートはさわやかに**　朝読書の開始前に，穏やかでさわやかな朝の音楽を流す。
- [ ] **朝読書**　担任はもちろん，副担任も管理職も，できれば生徒から見えるところで読書をする。

参考文献：増本利信（2013）「教室環境準備のワザ—②座席配置」曽山和彦編『気になる子への支援のワザ』教育開発研究所　p.21

中2 4月（信頼・仲間）

新しい人間関係を築く

Keyword 出会いのチャンス｜かかわりを楽しむ

これだけは押さえよう！

- 「これからこの新しいメンバーと，学級をつくっていくんだ」という期待感を高める。
- 4月の始まりは学級担任がリーダーシップをとり，学級担任や学級の仲間との新しい出会いを楽しめるような演出をする。
- 最初の一週間は，学級全員でかかわれるような活動を多く取り入れる。

出会いの儀式

始業式後の学活

2年○組スタートの日
① 2年○組の仲間（学級の仲間の呼名をする）
② 担任はこんな人（学級担任が自己紹介をする）
③ 進級おめでとう　詩の紹介（➡ P38参照）
④ こんなクラスにしよう（学級担任の思いや願いを語る）

学級開きで伝えたいこと

- 2年生は「中堅学年」として学校の中心を担っている。自分がいま何をすべきか考え，その役割を果たそう。
- 自分を大切にし，信頼と思いやりでつながる学級にしよう。
- 自分の進路について1年生のときを振り返り，軌道修正しよう。

新たな学級のスタート

学級開きに使うエクササイズのねらい
- 担任への信頼感をもつもの
- 新しい人間関係を築くきっかけをつくるもの
- 親近感を高め，あたたかい学級の雰囲気をつくるもの

背面掲示物の工夫

【ねらい】
教室の背面に，生徒たちのかかわりや学級の活動を楽しい掲示物にして残していくことで，学級の仲間としてのつながりを視覚的に感じられるようにする。

【方　法】
・掲示係を立候補で募り，チームをつくる。
・生徒たちの発想を生かした掲示とする。

学級の木

😊 **いいとこさがしの木「SMILE TREE」**
生徒たちが笑顔になるようなメッセージカードや取り組みの記録を掲示する。

⭐ **輝きの木「STAR TREE」**
行事で活躍したり係の仕事をがんばったり，日々の生活のなかで生徒たちがキラリと光る瞬間をとらえて掲示する。

🏁 **目標達成の木「GOAL TREE」**
学期ごとの目標を四季折々のカードに書いて掲示する。

学級の木掲示例

学級史（➡P118参照）

・4月のスタートから1年間かけて，学級の出来事や行事への取り組み，表彰状などを掲示して残していく。
・写真やその時々の子どもたちの思いを載せたメッセージカードなどを掲示する。
・学年末に振り返ったときに，1年間の学級の歴史が見えるように継続していく。
・自分たちの学級にプラスイメージをもてるような掲示物にする。

成功の秘訣

☐ **かかわりは教師から**　始業式から3日間で生徒たちの名前を覚え，朝・休み時間・昼休み・終学活後の10分間は教室にいて，全員と言葉を交わす。

☐ **生徒のアイデア**　掲示係やイラスト係などを募り，生徒が主体的に活動できるように工夫する。

エクササイズを使ってみよう

「友だちビンゴ」「X先生を知るイエス・ノークイズ」「友達発見」

参考文献：諸富祥彦・植草伸之・浅井好・齊藤優・明里康弘編著（2002）『エンカウンターで学級づくりスタートダッシュ！　中学校編』図書文化

中2　4月（信頼・仲間）

中2 4月（キャリア）

なりたい自分に近づく

Keyword　いままでの自分　新しい自分　保護者からの見守り

これだけは押さえよう！

- 1年生のときの自分と比較することで，いまの自分（成長した自分）を理解する。
- 保護者からも励ましの言葉をかけてもらい，生徒が前向きに自分の目標に取り組めるようにする。

自分を見つめ直す

2年生になっての決意の作文

【やり方】
① 1年生のときの学習や生活を振り返る。
② 2年生でがんばりたいことや挑戦したいことを書く。
③ この学級をどのような学級にしていきたいか，そのために自分はどうするかということを具体的に書く。
＊作文の観点は学級担任が意図するものを選択したり，加えたりするとよい。

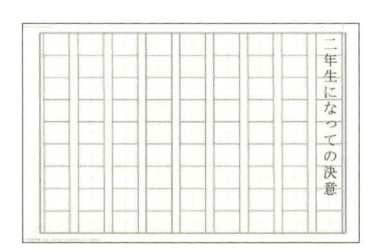

いままでの自分→これからの自分

番号	項目	1年生の自分	なりたい自分	何をどのように努力をするか
1	学級の雰囲気を楽しくする			
2	誰とでも協力できる	❶		
3	ルールを正しく守る		❷	
4	授業中と休み時間のけじめがある			
5	人に親切にしたり優しくしたりできる			
6	係の仕事は最後までやり遂げる			
7	積極的に掃除をする			❸
8	自分の意見を発表できる			
9	挨拶や返事がきちんとできる			
10	教室環境を整え，美化に努める			

家族からの励ましのメッセージをもらおう
❹

【やり方】
① 1年生のときの自分自身について，あてはまる項目に○印をつける（最低3つ）。
② 2年生の終わりになっていたい自分の姿について，あてはまる項目に○印をつける（最低3つ）。
③ なりたい自分に近づくために努力することを具体的に書く。
それを，班内で発表し合う。
④ 家族からの励ましのメッセージをもらう。

なりたい自分になるための行動計画

大きな行動計画

なりたい自分（　　　　　　　　　　　　　　　）
なりたい自分のための行動
①
②
③

<記入例>
（責任感があり，地球環境を守る自分になりたい。）
① 自分で考えて積極的に行動する。
② 仕事は最後までやり遂げる。
③ 環境問題にかかわる行動をする。

小さな行動計画

①・②・③を実現するためのプチ行動
【1】　①のために…
【2】　②のために…
【3】　③のために…

<記入例>
【1】他の人はどうしているか，まわりをよく見る。
【2】何か学級の係に立候補する。
【3】ペットボトル飲料ではなく，家から水筒を持参して，お茶を飲む。

計画の見直し

プチ行動の点検・見直し・修正計画
【1】
【2】
【3】

<記入例>
【1】見たら一緒に行動する。
【2】学級の係に立候補できなかったので，帰りに机をきちんと並べて帰る係を提案して実行する。
【3】水筒持参ができているので，継続する。マイ箸も持ち歩く。

中2　4月（キャリア）

成功の秘訣

□ **行動計画**　なりたい自分になるための行動計画はスモールステップで立て，短い周期で点検・修正させるとよい。

□ **保護者との連携**　生徒の決意を前向きに見守り，家庭でも励ましてもらえるように，保護者と連携をする。

参考文献：成美堂出版編集部（2006）『15歳から始まる。人生の設計ノート』成美堂出版

中2 6月（環境・約束）

楽しみながらルールの定着

| Keyword | 主体的活動 | キャンペーン | 成功体験 |

これだけは押さえよう！

- 2年生では楽しみながらルールの定着を図る。ルールがしっかり守られ落ち着いた日々にするためには，教室環境と言語環境を整えることが大切である。
- 生徒たちの手で環境整備のキャンペーン活動を行い，成功体験を味わわせる。
- 主体的な活動のなかで，押しつけられたルールでなく，自分たちにとって必要なルールを決めることが，ルールの大切さを意識させる。

教室環境を整える

キャンペーンの実施

教室の環境について，黒板の消し方，机やイスの整頓，掲示物の貼り方，棚の使い方など，具体的な項目を決めてキャンペーン形式で取り組む。

【やり方】
- 美化・環境委員会が中心となって，学年・学校全体で取り組みを決める。
- キャンペーン期間を決める。
- 評価の基準を決める。
- 美化・環境委員会がポスターを作成して掲示し，学年集会や全校集会・放送などで知らせる。
- 生徒会便りや集会などで取り組みの評価を表す。

「黒板クリーンアップキャンペーン」

「机・イス整頓キャンペーン」

言語環境を整える

OKワードとNGワード～私の学級では，人をからかったりしない～

教室や廊下で交わされる生徒の会話にドキッとさせられることがある。言っている本人たちにそのつもりがなくても，「きもい」「うざい」「死ね」などの言葉は，ひと言言われただけで深く傷つく。場合によっては「いじめ」と感じられたり，不登校のきっかけになってしまうこともある。言語環境を整えることで生徒が安心して過ごすことのできる教室をつくりたい。

【ねらい】
からかいがあるために，安心して学級で話ができない状況のときに，一人一人の感情を動かし，言葉の大切さを知る。

【準備物】
ワークシート・振り返りシート

【やり方】
① 本時のねらいについて伝え，学級担任の学級への思いや，どのような学級にしたいと思っているかのゴールイメージを具体的に語る（言葉のもつ重みや大切さについてふれる）。
② 日常生活のなかで人をからかったり，傷つけたりする言葉をときどき耳にすることがあり，気になっていることを伝える。
③ いままでクラスの友達に言われて「うれしかった言葉」，言われて「悲しかった言葉」を思い出しながらできるだけたくさんワークシートに書き出す（静かな雰囲気のなかで書く）。
④ 班で自分の書き出した言葉を伝え合う。自分のワークシートに書いていないことがあったら書き足す。
⑤ 書き出した言葉のなかで，普段，自分が言っている（言ったことのある）言葉を丸で囲む。
⑥ 活動を通して，自分が気がついたことを，振り返りシートに書く。
⑦ 振り返りシートを集め，シートに書かれた感想を，教師が読み上げる。ここではプラスのフィードバックのみを行う。

> 嫌な思いをする人が一人もいなくて，あたたかく心の通い合える学級にしたいね。

言葉について考えてみよう	
言われて嫌だった言葉	嬉しかった言葉
××× ×××	□□□ □□□
㊀×××	□□□ □□□
㊀×××	□□□

> できるだけ多く書き出す。

成功の秘訣

□ **結果の報告** 学年集会でキャンペーンの点検結果について発表する。
□ **視覚化** キャンペーンの内容を生徒が意識できるように学年の廊下などに掲示する。
□ **学級担任のフォロー** 各係の仕事を明確にし，生徒同士だけでなく学級担任が活動をフォローする。

中2 6月（信頼・仲間）

自己肯定感を高め，他者理解を深める

Keyword | 自分が好き | 友達が好き | 学級が好き

これだけは押さえよう！

- 中学生は，自分のよさや得意なことを周りから承認されたり，社会で通用することを実感できたりすることで，自分に自信がもてるようになる。
- あたたかい人間関係を築き，互いの友達のよいところをしっかりと見つめ，それを相手に繰り返しフィードバックすることによって，自己肯定感を高め合う。

友達の力を借りて自己肯定感を高める

HAPPY LETTER～自分のよさを大切にしよう～

【ねらい】
・友達の長所や努力したことを探して相手に伝える。お互いを理解し，絆を深める。
・自分の長所に気づき自己肯定感を高める。

【準備物】
手紙を書く用紙

【やり方】
① くじを引き，手紙を書く相手を決定する。誰に決まったかは言わない。
　※必要に応じて，くじを引いたときに「エー」「ヤダー」など，雰囲気を壊すような言葉を言わないように事前に伝えておく。
② 期間を設定し（例えば1週間），その友達の長所や努力したことを見つける。
③ 用紙を配り，見つけたことをもとに相手への手紙を書く。
　※書くことが苦手な生徒には，リード文をつけた用紙などを用意してもよい。
④ 書いた手紙を回収し，学級担任から全員に手渡す。
⑤ 受け取った手紙を読む。
⑥ 読み終えてどんな気持ちになったか，班やグループで話し合い，全体で共有する。

手紙を書く用紙の例

```
　　　　　　　さんへ
私はあなたの
　　　　　　　　　　　　　　
といういいところを見つけました。
そのとき私は，
　　　　　　　　　　　　　　
と思いました。
```

他者理解を深める

あなたはレポーター～インタビューで人柄を引き出そう～

【ねらい】
インタビューを通して，友達の考えや価値観を知り，友達が自分を認めてくれる存在であることに気づく。

【準備物】
インタビューの項目カード，インタビューシート

【やり方】
① 学級担任がインタビューの項目カードを黒板に掲示する。

項目カードの例

部活動	将来の夢	マイブーム
あなたの宝物	最近感動したこと
好きな食べ物	休みの日の過ごし方

② 自分がインタビューされたい項目を3つ選んでシートに書き，自分のインタビュアーに渡す。
③ 2人組でインタビューし合い，聞き取ったことをシートに書き込む。
④ インタビュアーからのメッセージをインタビューシートに書く。
⑤ インタビューシートをもとに，インタビューした友達のことを班で紹介する。
⑥ 班で振り返りをする。

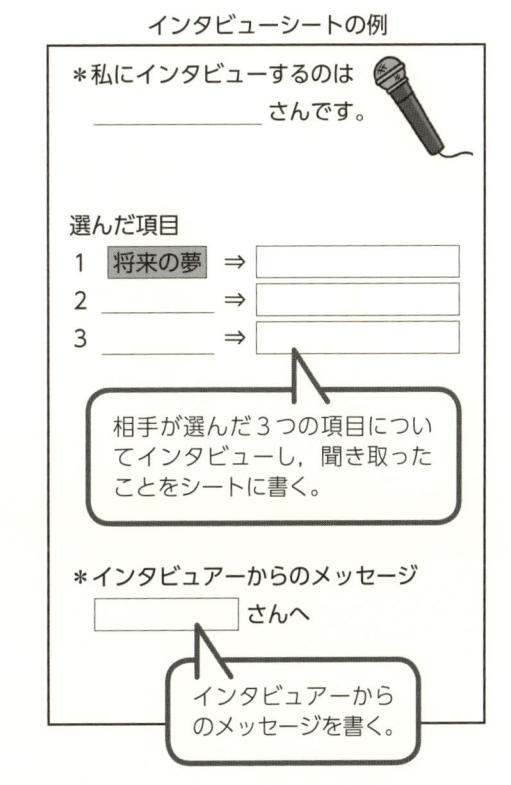

インタビューシートの例

＊私にインタビューするのは
　　　　　　　　さんです。

選んだ項目
1　将来の夢　⇒
2　　　　　　⇒
3　　　　　　⇒

相手が選んだ3つの項目についてインタビューし，聞き取ったことをシートに書く。

＊インタビュアーからのメッセージ
　　　　　　さんへ

インタビュアーからのメッセージを書く。

中2　6月（信頼・仲間）

成功の秘訣

□ **THANK YOU カード**　HAPPY LETTERの発展的活動として，学級にカードを置いておき，友達にされて嬉しかったことや友達のいいところを発見したときにカードに書き，その友達に渡すようにする。

□ **インタビューシートの掲示**　それぞれが書き込んだインタビューシートを学級に掲示する。学級通信に載せて紹介してもよい。

エクササイズを使ってみよう

「私はあなたのベストフレンド」

参考文献：國分康孝監修（1996）『エンカウンターで学級が変わる　中学校編』図書文化

中2　6月（キャリア）

自律を促すフィードバック

Keyword　教師のコメント　自尊感情の変容

これだけは押さえよう！

- キャリア発達の視点を踏まえながら，生活ノート（進路学習ノート）へコメントを書く。
- コメントを通じて，生徒の自尊感情の変容と教師との信頼関係の構築を図る。

肯定的な自己理解を深める

自尊感情を高めるコメントの例

進路選択に向けて，生徒の自尊感情が高まるような言葉をたくさんかけていく。

キーワード	コメントの例
認める 本人も気づかないような「できていること」や当たり前のように「やっていること」について言葉をかける。	「～できているね」「～してくれたね」 「～が大事ですね」 「～することが当たり前になってきたね」
ほめる 努力していること，がんばっていることなどについて言葉をかける。	「～がすばらしい」「～がいいですね」 「～をがんばりましたね」「すごいね」
考えさせる いまの状態でいいのか，もっとよい方法はないのか，自分を振り返るような言葉をかける。	「～はできたかな？」「～していますか？」 「～しましょう」「～してほしいです」 「～したいね」「ほかには？」
受容・共感する 相手の感情に寄り添い，受け止める言葉をかける。	「そうですね」「大変だね」「よかった」 「～が必要ですね」「～でいいですね」
励ます・感想を伝える 相手を元気づけ，気持ちが奮いたつような言葉をかけたり感じたことを伝えたりする。	「一緒にがんばろう」「楽しそうですね」 「気にしない」「～していこう」 「ありがとう」「感謝しているよ」
教師の体験・経験による自己開示 自分の体験や考えたこと，思っていることを生徒の悩みや思いに応じて柔軟に臨機応変に伝える。	「先生もがんばります」 ・自分が子どものころのこと。 ・ほかの先生の思いを伝える。

建沼友子・白井裕史（2012）を一部改変

キャリア能力を意識したコメントの例

キャリア教育における「基礎的・汎用的能力」(「今後の学校におけるキャリア教育・職業教育の在り方について」答申より) を意識してコメントを書く。

	キーワード	コメントの具体例
「人間関係形成・社会形成能力」を意識したコメント	認める	①自分では作文が苦手と言っていたけれど，君の作文を読んで，○○先生が感動していました。○○先生はちゃんと見てくれているんだねぇ。 ②人のいいところを見つけられる人は，実は自分が成長できるんだね。 ③何気ない君の一言に，○○君は勇気をもらったようですね。言葉の力ってすごいね。
	励ます・感想を伝える	上級生として，下級生を迎える準備をはじめたのですね。なんだか私までワクワクしてきます。
	教師の体験・経験による自己開示	○班は苦戦しているね。先生も逆上がりができなくて，ずいぶん練習したんだよ。
「自己理解・自己管理能力」を意識したコメント	認める	いつもありがとう。みんなが来る前にテニスのネットが張ってあるのって，君のおかげだよね。
	ほめる	そんなふうに考えていることがすばらしいね。
	受容・共感する	○○大会での代表あいさつ，おつかれさまでした。ステージの上では緊張したことでしょう。
「課題対応能力」を意識したコメント	認める	友達が泣いているとどうしたらいいのかわからないけど，今日のように黙ってそばにいてあげるだけでも，○○さんは心強かったでしょうね。
	ほめる	宣言どおり，テストに向けて家庭学習を頑張っていますね。有言実行！ すばらしい。
	考えさせる	試験1週間前になりました。今回は特に英語をがんばると言っていましたが，さて何から始めますか？
「キャリアプランニング能力」を意識したコメント	認める	何事も自分が納得いくまでやることって，すごいと思います。
	考えさせる	今回の失敗を活かすには，あなたなら，次に何をしますか？
	励ます・感想を伝える	見えないところで活動してくれるおかげで，きれいな環境が保たれています。ありがとう。

中2 6月（キャリア）

成功の秘訣

- □ **ノート利用** 教師から全体の前でほめられた生徒が，周囲からやっかまれたりからかわれたりする場合がある。ノートにコメントを記入することで，個別に認めたりほめたりできる。
- □ **自己研鑽** コメントのバリエーションを広げられるように，教師同士で研鑽する。

参考文献：建沼友子・白井裕史（2012）「小・中・高等学校を見通したキャリア教育に関する研究〜教師の『自律を促すフィードバック』と生徒の自尊感情の関係〜」『平成24年度研究報告書』高知県教育委員会

中2 夏休み前（環境・約束）

自分たちで決めたルールの再点検

Keyword | ルールの必要性 | 個人の自覚と責任 | 自分の貢献度

これだけは押さえよう！

- 中学校生活も折り返し地点となり，学級の組織が充実してくる。反面，学校生活に慣れて，「ルールを守ることは恰好悪い」「わかっているが面倒くさい」「守っていないのは自分だけではない」といった，思春期特有の気持ちの揺れが生じてくる生徒が少なくない。
- 些細なルールであっても，それを守ることにどんな意味があるのかを，生徒自身に考えさせる活動を意識して取り入れることが大切である。
- 学級を振り返るアンケートなどを行い，自分の学級のよさに気づくとともに，現状をよりよくしようとする意欲を高める。

改めて「ルール」の意味を考える

ルールはどうして必要か

【ねらい】
- ルールの必要性について話し合うことで，自分たちの生活を振り返る。
- 学校生活にはルールが必要であることを確認し，自分たちの学級の様子を点検する。
- 自分たちの学級に必要なルールを改めて考える。

【やり方】
① ワークシートの[1][2]について班で話し合いをする。
② 班で話し合った内容について全体でシェアリングをしていく。

ルールはなぜ必要か？

ルールがあることで充実した，安心・安全な生活ができる

[1] 学級のなかで，困ったことや嫌な思いをしたことはないか

[2] 自分たちの学級にはどんなルールがあるか

学級のルールを再確認する

守られているルールと守られていないルール

【ねらい】
- 現在の学級の状態を振り返り，守られているルールとそうでないルールについて考え，学級のよさとこれからの課題を見つける。
- 自分自身が学級の一員としてできていることとできていないことを点検する。

【やり方】
① 各項目について，守られていると思う度合いに応じて☆に色を塗る。
② 各項目における自分の貢献度を5段階評価で自己評価する。
③ 集計した☆の数をもとに，学級のよさと課題を確認する。
④ 自分が学級にどう貢献できているか，日々の行動を見直す。
⑤ 班でシェアリングをする。

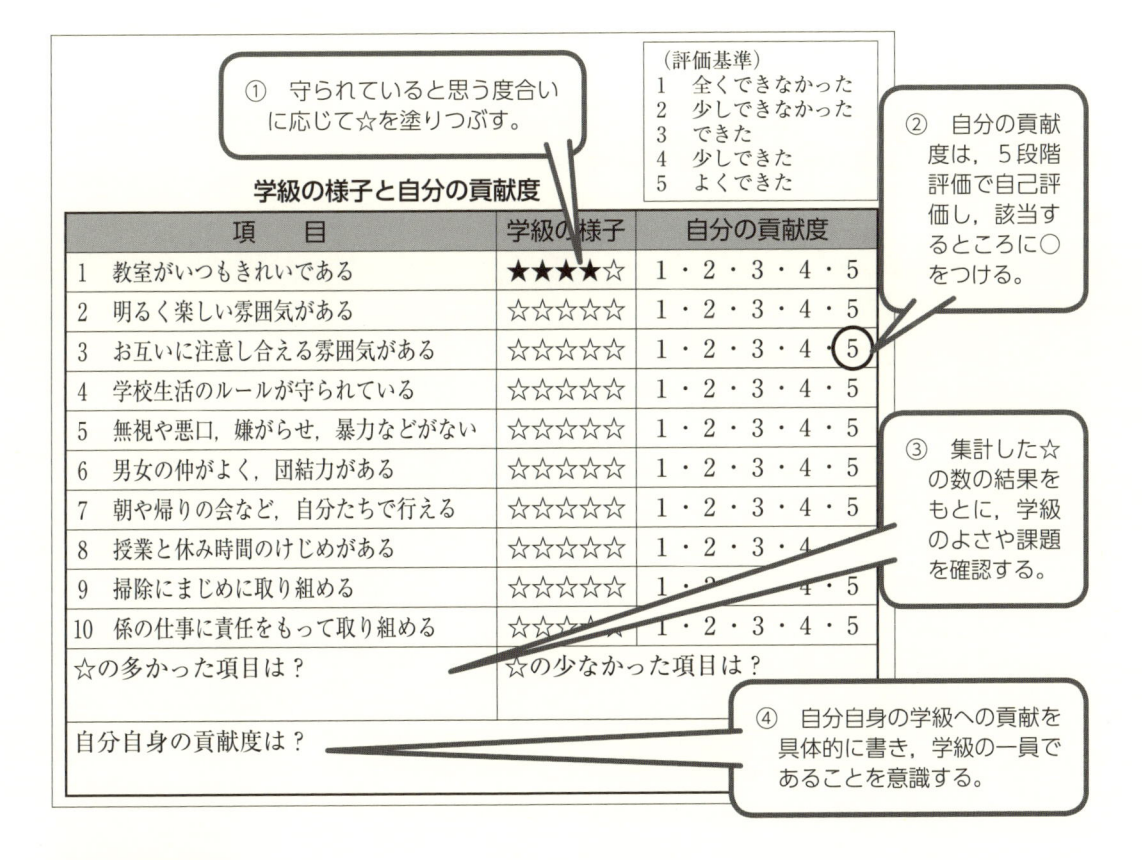

① 守られていると思う度合いに応じて☆を塗りつぶす。

（評価基準）
1 全くできなかった
2 少しできなかった
3 できた
4 少しできた
5 よくできた

② 自分の貢献度は，5段階評価で自己評価し，該当するところに○をつける。

学級の様子と自分の貢献度

	項　目	学級の様子	自分の貢献度
1	教室がいつもきれいである	★★★★☆	1・2・3・4・5
2	明るく楽しい雰囲気がある	☆☆☆☆☆	1・2・3・4・5
3	お互いに注意し合える雰囲気がある	☆☆☆☆☆	1・2・3・4・⑤
4	学校生活のルールが守られている	☆☆☆☆☆	1・2・3・4・5
5	無視や悪口，嫌がらせ，暴力などがない	☆☆☆☆☆	1・2・3・4・5
6	男女の仲がよく，団結力がある	☆☆☆☆☆	1・2・3・4・5
7	朝や帰りの会など，自分たちで行える	☆☆☆☆☆	1・2・3・4・5
8	授業と休み時間のけじめがある	☆☆☆☆☆	1・2・3・4・5
9	掃除にまじめに取り組める	☆☆☆☆☆	1・2・3・4・5
10	係の仕事に責任をもって取り組める	☆☆☆☆☆	1・2・3・4・5
☆の多かった項目は？		☆の少なかった項目は？	
自分自身の貢献度は？			

③ 集計した☆の数の結果をもとに，学級のよさや課題を確認する。

④ 自分自身の学級への貢献を具体的に書き，学級の一員であることを意識する。

中2　夏休み前（環境・約束）

成功の秘訣

- **教師の評価**　守られているルールに注目して教師がフィードバックする。
- **セルフモニタリング**　自分の貢献度について考えることで，1学期の行動を振り返るきっかけにする。

中2 夏休み前（信頼・仲間）

個々のがんばりと学級の成果を分かち合う

| Keyword | 達成感 | 分かち合い | 成長 |

これだけは押さえよう！

- 1学期を振り返り，生徒個々の成長と学級としての高まりを学級全体で共有する。
- 「この学級でよかったな」「2学期もがんばろう」という思いを生徒一人一人がもてるようにする。
- 2学期に向けて支援を必要としている生徒には，夏休み中に学級や部活動などでつながりをつくれるように，意識的に手立てをする。
- 夏休みの後半には支援を必要としている生徒の家庭訪問をするなど，夏休み明けにスムーズに学校に来られるように配慮する。

個々のがんばりを分かち合う

トーク&トーク

【ねらい】
1学期の自分や仲間のがんばりを振り返り，分かち合うことで個々や学級の高まりに気づく。

【準備物】
トークのお題カード

【やり方】
① 班机にし，トークのお題カードを配る。
② 時間を決めて，時間内に全員が一言ずつお題について語る。
　お題1　【自分】のこと
　お題2　【仲間】のこと
　お題3　【学級】のこと
③ お題について話したことの感想をお互いに伝え合う。
④ 班で話し合ったことを学級全体で共有する。

お題カード例

お題1【自分を語る】	お題2【仲間を語る】	お題3【学級を語る】
1学期にがんばったこと　楽しかったこと	班の仲間のがんばったこと	1学期の学級3大ニュース　学級としてがんばったこと

学級の成果を分かち合う

あなたがいたおかげで

【ねらい】
仲間のよさを見つけ，認め合う心と感謝の気持ちをもつことで，学級の成長を図る。

【準備物】
「あなたがいたおかげで…」のワークシート

【やり方】
① 班机にし，ワークシートを各自に配る。
② ワークシートの宛名の欄に自分の名前を書いて，左隣の人へ渡す。
③ 「あなたがいたおかげで…」に続く文を書く（時間は3分）。
④ 3分たったら左隣へ回していく。
⑤ 一回りしたら自分のワークシートを受け取り，じっくり読む。
⑥ 読んでどんな気持ちになったかを班で語り合う。

ワークシート例

```
_____ さんへ
┌──────────────┬──────────────┐
│あなたがいたおかげで│あなたがいたおかげで│
│            │            │
├──────────────┼──────────────┤
│あなたがいたおかげで│あなたがいたおかげで│
│            │            │
└──────────────┴──────────────┘
```

中2　夏休み前（信頼・仲間）

成功の秘訣

- **トーク＆トーク**　事前にお題を伝えて，話す内容を考えさせておく。
- **あなたがいたおかげで**　教師が自己開示のモデルとなり，いちばん身近でかかわってきた班の仲間だからこそ書ける内容を生徒から引き出す。
- **学級通信の活用**　1学期の学級の出来事や個人のがんばりを学級通信に載せ，終業式の日に学級全員で共有する。記載例：「宿題プリント提出率ベスト10」「自主学習ノートページ数ベスト10」「行事でもらった表彰状やいいとこさがし」「あいさつ・掃除・係の仕事などをがんばった人」

エクササイズを使ってみよう

「みんなでつくろうよりよいクラス」

参考文献：川崎知己（1996）「私たちの得た宝物」國分康孝監修『エンカウンターで学級が変わる　中学校編』図書文化　pp.144-145

中2 夏休み前（キャリア）

社会人の先輩に学ぶ

Keyword | 運命の出会い | 聴き方のマナー | 生き方を学ぶ

これだけは押さえよう！

- １年生では，身近な人に中学生のころのことや職業のことについてのインタビューを行った（➡ P52参照）。２年生では，長期休業を有効活用して自分の住む町・学校の校区について調べ，地域の一員としての自らの役割を考えるきっかけとする。
- さまざまな経験をもつ人生の先輩に出会い，その人の生きてきた道や現在活躍している様子を学ぶことで，生徒が自分の人生を考えるヒントにする。
- 出会った人のことは，２学期に紹介し合う。

運命の出会いのチャンス

地域の人と交流しよう

ゲストティーチャーの例
- 保護者や校区にある商店の人から，その人の職業や人生の転機などについて，話を聴く。
- 地域のお年寄りや町内会役員から，自分たちの住んでいる地域の伝統や町おこしなどについて聴く。
- 防災学習と関連させ，地域の人と連携して，避難のことや避難後のことについて一緒に考える。

学級単位や小グループでのインタビューの仕方	（関連するキャリア能力）
・誰に，何について，なぜインタビューするかを事前に決める。 ⇒	意思決定能力
・話を聞くための基本的なマナーやスキルを学ぶ。 ⇒	人間関係形成能力
・相手にわかりやすい質問を考える。 ⇒	人間関係形成能力
・インタビューを受けてくれた人にお礼をする。 ⇒	人間関係形成能力
・聞いたことを整理してまとめ，情報を発信する。 ⇒	情報活用能力
・自分の将来像を描く手がかりとする。 ⇒	将来設計能力

達人と出会おう

メディアや図書館を活用しよう

生きていくうえでは，思うようにいかないときこそが，自分を大きく成長させるチャンスになるかもしれない。偉人や有名人，その道の専門家や達人など，さまざまな職種の人の生き方にふれ，人生について学ぶ。

【資料の集め方】
・道徳資料や視聴覚教材を活用する。
・図書館を利用して，伝記を読む。
・新聞やテレビ番組，インターネットなどを活用する。

ワークシートの例……話を聴いたり本で読んだりテレビで見たりした人のことを記入する。

私が出会った人	出会った人の名前 _____ さん

何をしている人か（職業や町内会役員などの立場）

どのような話を聴いたのか。または，読んだり見たりしてわかったこと。
・仕事の内容
・人生の転機
・中学生へのアドバイスなど

感想

成功の秘訣

☐ **メディアの活用** 例えば，NHKの「サラメシ」という番組がある。働く人の昼食を通して，その人の仕事や人生を垣間見るものであるが，視点を変えると，働くことの意味や自分たちの食べているものを考える食育にも発展できる。また，芸能人が仕事を体験するものや職業ガイダンス的なもの，勉強の仕方などさまざまな教育番組がある。著作権に配慮しながら活用する。

☐ **情報活用能力の育成** 幅広く視野を広げ，生徒たち自身に資料集めをさせてみることも，情報活用能力のひとつになると考える。

エクササイズを使ってみよう

「向いているのはどんな人？」

参考文献：諸富祥彦（2007）『「７つの力」を育てるキャリア教育』図書文化

中2　夏休み前（キャリア）

中2　9月（環境・約束）

中学校生活折り返し地点

Keyword　本音で話す　心で聴く　共感的理解

これだけは押さえよう！

- 思春期まっただなかのこの時期は，友達から自分がどう見られているのかが気になり，頭では何が正しいかをわかっていても，安易な判断や行動をとってしまいがちである。
- こうした時期こそ，お互いの内面を共感的に理解し合う活動を意識して取り入れ，安心・安全に過ごせる学級ルールを確立することが必要となる。
- 本音で語り，共感的に理解するために，「話す」「聴く」などのコミュニケーションスキルを身につける。

本音で話そう・心で聴こう

班で傾聴の練習を

【準備物】お題カード
【やり方】
① 傾聴のルールについて確認する。
② お題を黒板に貼る。
③ 班にもお題カードを配る。
④ お題に沿って一人ずつ順番に話す。
　・私がいま，欲しいと思っている物（お金以外）
　・私がいま，欲しいと思っている心
　・いま，この学級にあったらいいなと思う心

＜傾聴のルール＞
- 話している人を見て，うなずきながら聞く。
- 話は最後まで聞き，否定はしない。
- 話の内容にあまり踏み込みすぎない。
- 聞いたことをこの活動の場以外では言わない。

お題カードの例

私が「あったらいいな」と思う
物は ＿＿＿＿＿＿＿＿＿＿ です。
なぜならば
＿＿＿＿＿＿＿＿＿＿ だからです。

私が「あったらいいな」と思う
心は ＿＿＿＿＿＿＿＿＿＿ です。
なぜならば
＿＿＿＿＿＿＿＿＿＿ だからです。

私が，この学級に「あったらいいな」と思う
心は ＿＿＿＿＿＿＿＿＿＿ です。
なぜならば
＿＿＿＿＿＿＿＿＿＿ だからです。

共感的理解

お悩み相談

【ねらい】
中学校生活折り返し地点にいるいま，これからの学級生活や学習面・友達・学級のルールについて悩みを引き出すことで，よりいっそうの本音で語れる集団になる。

【準備物】悩みを書くカード

【やり方】
① 匿名でお題に沿って，カードに悩みを書く。
② 学級担任が集約してカードをシャッフルし，各班に渡す。
③ 班で順に1枚ずつカードを引く。引いたカードは，さも自分の悩みのように読み上げる。
④ それぞれの悩みに班員全員が順番に答えていく。
⑤ 最後に必ずシェアリングして本日の感想を話し合う。

[悩み1] 勉強の悩み
[悩み2] 友達との悩み
[悩み3] 学級での悩み
[悩み4] 部活での悩み

※カードは悩みの種類ごとに色をかえ，名刺程度の大きさにして配付する。各自がそれぞれの題に沿った悩みを匿名で書く。

<カードを一枚引く>
<引いたカードを読む>
→ <悩みに答える>

- 1年生の単語から始めたらどうかな。
- 英語が苦手なので，勉強方法を教えてください。
- ○○の問題集は，わかりやすいから使ってみるといいよ。
- 私は教科書の基本文を何回も書いて読んでいるよ。

中2　9月（環境・約束）

成功の秘訣

☐ **カードづくり**　筆跡でだれが書いたかわかってしまうことが不安に感じられる場合には，教師が活字に打ち直すと子どもが特定されず，何度でも活用できる。

☐ **ルール**　言いにくい質問ならパスしてもいいルールを設定すると安心する。

参考文献：奥村桂子（2013）「『その気持ちわかるよ』で，学習の悩みを分かち合おう」河村茂雄・武蔵由佳編著『かたさを突破！　学級集団づくりエクササイズ　中学校』図書文化　pp.114-115

中2 9月（信頼・仲間）

行事を通して学級への所属感を高める

Keyword 学級の一員　役割遂行　達成感

これだけは押さえよう！

- 中学2年生の夏休みを境に大きく変化する生徒がいる。生徒の変化に気を配る。
- 2年生の2学期を中学校生活の折り返し地点として位置づけ，かかわりを深め，目標をもって仲間とともに過ごせるようにする。
- 行事に向けて各自が主体的に取り組み，学級の一員として責任をもって役割を遂行することで，充実感や集団としての達成感を味わうことができるようにする。

役割遂行の極意

学級集団の状態に合わせた教師の働きかけ

行事などに生徒が主体的に責任をもって取り組むようにするためには，集団の状態に合わせて教師から働きかけを調整することが大事となる。

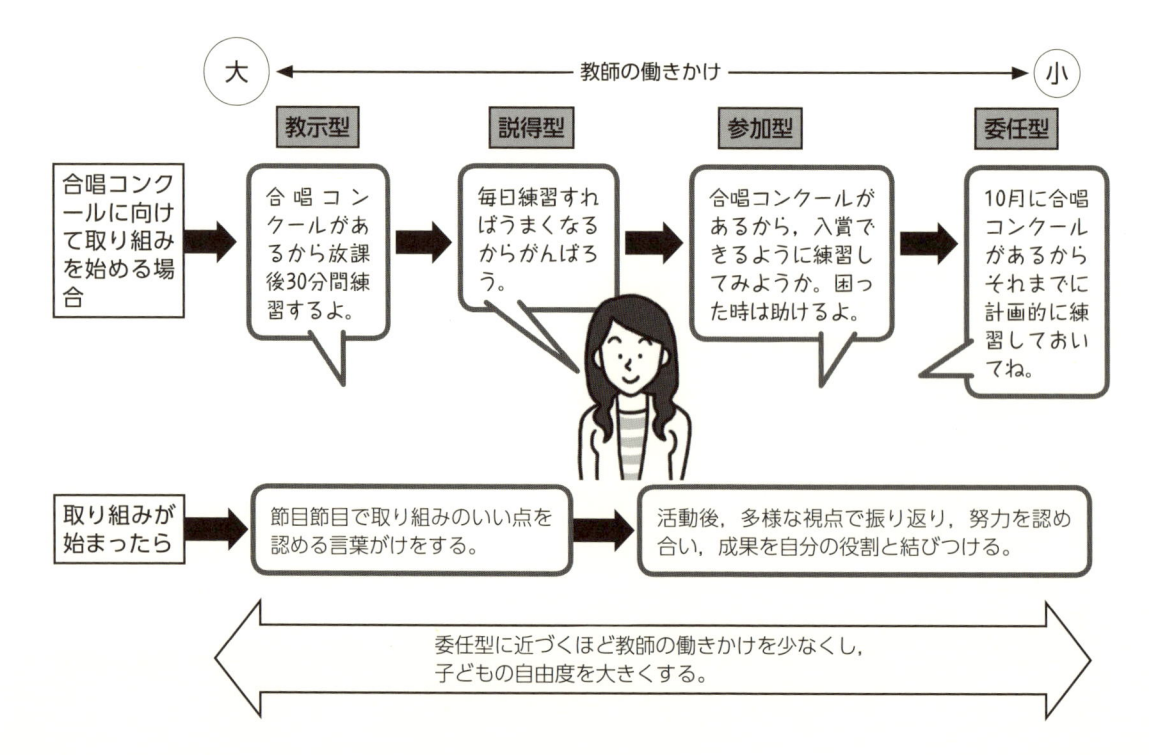

大 ←──── 教師の働きかけ ────→ 小

	教示型	説得型	参加型	委任型
合唱コンクールに向けて取り組みを始める場合	合唱コンクールがあるから放課後30分間練習するよ。	毎日練習すればうまくなるからがんばろう。	合唱コンクールがあるから，入賞できるように練習してみようか。困った時は助けるよ。	10月に合唱コンクールがあるからそれまでに計画的に練習しておいてね。

取り組みが始まったら	節目節目で取り組みのいい点を認める言葉がけをする。	活動後，多様な視点で振り返り，努力を認め合い，成果を自分の役割と結びつける。

委任型に近づくほど教師の働きかけを少なくし，
子どもの自由度を大きくする。

互いにエール（行事前）

【ねらい】
行事への意欲と学級の一体感を高める。
【準備物】
折り紙（半分に切る），箱
【やり方】
① 1人1枚，折り紙の裏に行事に向けた励ましのメッセージを書く。
② 書いたものを折って箱に入れる。
③ 箱から1人1枚引く。
④ メッセージを読み，お守りとする。

あなたがいたおかげで（行事後）

【ねらい】
仲間のよさを見つけ，認め合う心と感謝の心をもつことで，学級の成長を図る。
【準備物】
「あなたがいたおかげで…」と書いた画用紙を人数分
【やり方】
① 学級全員で輪になって座る。
② 画用紙を配り，自分の名前を書いて右隣の人へ渡す。
③ 「あなたがいたおかげで…」に続く文を書く。（時間は1分）
④ 1分たったら右隣へ渡して文を書くことを続ける。
⑤ 一回りして自分の画用紙を受け取ったら，じっくり読む。
⑥ 読んでどんな気持ちになったかを語り合う。

成功の秘訣

- **お守りの工夫** きれいな模様のついた折り紙を使ったり，ラミネート加工したりして，持っていたくなるような工夫をする。
- **BGM** 「あなたがいたおかげで」を書く際は，BGMを流すなど落ち着いた雰囲気で書けるようにする。

エクササイズを使ってみよう

「君はどこかでヒーロー」「別れの花束」

参考文献：河村茂雄（2006）『集団を育てる学級づくり12か月』図書文化，川崎知己（1996）「私たちの得た宝物」國分康孝監修『エンカウンターで学級が変わる　中学校編』図書文化　pp.144-145

中2　9月（信頼・仲間）

中2　9月（キャリア）

夏休みに出会った人の紹介

Keyword　出会いを生かす　プレゼンテーション力　未来の自己紹介

これだけは押さえよう！

- 夏休みの課題（→ P97参照）を提出できるように支援を行う。
  例）何をどう調べたらいいのか，ていねいな手引きを作る。放課後に図書館を利用して，生徒と一緒に調べる。枚数は少なくても提出することに重きをおく。など
- 調べてきたことの成果を披露する場をもつ。調べてきたことをまとめたり，発表したりする方法は，学級の状態に応じて工夫する。

私の出会った人紹介

夏休みの課題の発表

＊模造紙のまとめ方例

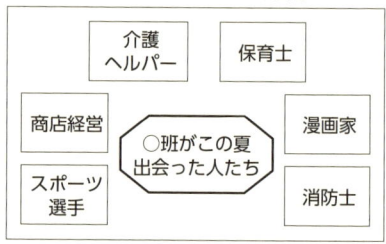

```
        介護
        ヘルパー    保育士
商店経営   ○班がこの夏   漫画家
スポーツ   出会った人たち  消防士
選手
```

1　調べたことをまとめる
Ⓐ　グループで1枚の模造紙にまとめる。図や絵も用いて書く（右図参照）。
Ⓑ　1人1枚Ａ4用紙に新聞風にして書き，全員分を集めて冊子化する。

＊ポスターセッションの配置例

```
  1班      2班
6班          3班
  5班      4班
```

2　発表する
Ⓐ　ポスターセッションの場合
　①　教室内を区割りして，壁に模造紙を貼る（右図参照）。
　②　発表グループと聞くグループの2チームに分ける（奇数班，偶数班など）。
　　　発表時間は前半後半で20分ずつと決めておく。
　③　発表グループはチームで発表をする。
　④　聞くグループは，個人で動き，自分が聞きたいグループの発表を聞く。
　　　「1人が最低3グループは発表を聞く」というようなルールを決めておく。
　⑤　時間がきたら，発表グループと聞くグループが交替する。
Ⓑ　冊子や新聞の場合は読み合う時間を取る。

3　感想の交流をする
- 感想を書いたり，発表し合ったりするなどして，振り返りの時間を取る。
- 通信に載せて，保護者とも共有するとよい。
- 発展的活動として，文化祭などの展示発表にすることもできる。

未来名刺の交換

興味・関心を広げる

1　名刺づくり
「こんな人になってみたいなあ」「こういう仕事をしたいなあ」という人物をイメージして，未来の自分の名刺を作る。
＊情報の時間などを利用してパソコンで作成し，複数枚用意するとよい。

2　名刺交換
未来の自分になりきって自己紹介しながら，作った名刺を学級内で交換する。
＊名刺の渡し方・もらい方のソーシャルスキルも指導する。

未来名刺サンプル

地球を歩く旅の案内人
桂浜　海子
ドリームトラベル社　ツアーコンダクター

YOSAKOIダンス教室代表
伝説のダンサー
よさこい　花子
Yosakoi　Hanako

> 私は，高知でYOSAKOIダンス教室をやっているよさこい花子です。得意なダンスはヒップホップ系です。いまは高知でダンス大会を年2回開いています。教室の生徒は50名です。2年後には，東京ドームでダンス公演をしたいと思っています。

> ドリームトラベル社でツアーコンダクターをしている桂浜海子です。私は，地球上のいろいろな場所に行って，その土地の写真を撮ることが趣味です。アフリカのサバンナでキリンが走っているのを見たときは感動しました。旅行のときはどうぞご指名ください。

3　振り返り
□　自分の作った未来名刺と自己紹介には，自分の願望や興味・関心のあることが現れていたか。
□　友達の作った未来名刺や自己紹介を聞いて，自分もやってみたいと思ったことがあったか。

中2　9月（キャリア）

成功の秘訣

□　**発表の形の工夫**　新聞，冊子などの文章化やポスターセッション・スピーチといった口頭発表など，子どもの実態に合わせた発表の形を考える。
□　**遊び心でなりきる**　実現がむずかしそうな夢であっても，遊び心をもって，思いっきりその人物を演じる。

参考文献：諸富祥彦（2009）『偶然をチャンスに変える生き方』ダイヤモンド社　pp.134-139

中2 冬休み前（環境・約束）

自分の思いを伝える

Keyword | アサーションの力 | 対立の解決法 | ロールプレイ

これだけは押さえよう！

・相手も自分も大切にする伝え方を練習する。自分の思いを伝えることを大切にする。
・思いを伝え合って解決方法を探ることで，どうすれば学級のささいな出来事を自分たちで解決できるのかを考えさせる。

アサーションの力をつける

▶▶▶アサーションとは
自分の考え，欲求，気持ちなどを率直に，正直に，その場の状況に合った適切な方法で述べること。すなわち「自分も相手も大切にしながら，自己表現をする」ことである。

気持ちはわかる！でも……

【ねらい】
・気づいたことは，お互いに，きちんと指摘し合える関係をつくる。
・仲間が聞き入れやすい注意の仕方について考えてみる。

【準　備】
学級の課題となっている事柄を，あらかじめ数枚のカードに書いておく。

【やり方】
① 学級の課題が書かれたカードを班に配付する。
② カードを見て，それぞれに注意の伝え方を考える。
③ それぞれが書いた伝え方を班で互いに発表する。
④ どの言い方だと受け入れられるかを班で話し合う。
⑤ そのなかで，受け入れやすい伝え方を1週間使ってみる。
※ 相手のことも自分のことも大切にする伝え方を考えよう。

気持ちはわかる！でも……

相手のことも自分のことも大切にする伝え方を考えよう。

掃除の時間にいつも
さぼってばかりいる
仲間に一言

対立の解決方法を知る

朝練習か放課後練習か

【ねらい】学級のなかでささいな出来事などで対立した場合の解決方法を探る。

【場面例】クラスマッチが近づいてきました。学級で練習をやろうということになりましたが，朝練習をするほうがいいという意見と，放課後練習するほうがいいという意見が半分に分かれています。ジャンケンやくじ引きという方法ではない形にするにはどうしたらいいでしょう。

【やり方】
① 班のなかで朝練習派か放課後練習派かを決める。
② それぞれの立場の意見を黙って聞く。
③ それぞれの立場から相手に意見を言う。
必ず班の全員が意見を言う。
④ 解決策を探る。
⑤ 感じたこと気づいたことを話し合う。

※ ワークシートを使わずに，場面設定と役割分担だけを行い，ロールプレイ形式で意見を述べ合う方法も考えられる。

話し合いのワークシート（例）

議題
例）練習は朝か放課後か

朝練習派	放課後練習派
理由	理由

↓

解決策

感想

中2 冬休み前（環境・約束）

成功の秘訣

□ **役割解除** 話し合いやロールプレイが終わったら，役割を解く意味で反対意見の人たちと握手をする。

参考文献：沢崎達夫・平木典子（2005）「アサーション・トレーニングの考え方と歴史」平木典子編集『現代のエスプリ450号　2005年1月　アサーション・トレーニング』至文堂　pp.30-36, 品田笑子（2008）「意見が対立したら折り合い点を探す」河村茂雄・品田笑子・小野寺正己編著『学級ソーシャルスキル　中学校』図書文化　pp.134-137

105

中2 冬休み前（信頼・仲間）

学年の成長

Keyword | 映像での振り返り | 学年集会 | 感動の共有

これだけは押さえよう！

- 行事を通して，仲間とのつながりを深めてきた2学期。出来事の一つ一つを学年全体で振り返りながら，仲間とともに取り組んできたことの意味を確認する。
- 自分のよさや仲間のよさを受け入れ，学級集団としての成長の歩みを共有する。
- 集団としての高まりを，最上級生への準備期間となる3学期につなげる。

学年集会での振り返り

感動の名場面～学年集会における取り組み～

1　映像を見る

- 2学期の行事などの写真をプレゼンテーションソフトを使ってスライドにし，学年集会などで上映する。
- スライドには，練習風景や準備の様子なども入れることで，行事の成功に向けて地道に取り組んできたことや，裏方として支えてくれた仲間がいたことなどにも気づけるようにする。
- 動画を見せてもよいが，写真でその瞬間その1コマを見せることが生徒の想像力をかきたてることにつながる。

ワークシート例

感動の名場面

スライドを見ながら，次のことについて振り返りましょう。

○この瞬間に学級や自分が成長したなと思ったこと

○印象に残っているワンシーン

○いまだから言えるエピソード

2 感想の記入
・スライドを見て，感じたことや気づいたことをワークシートに書く。

3 学級での話し合い
・ワークシートをもとに，2学期に取り組んできたことを各学級に分かれて振り返る。

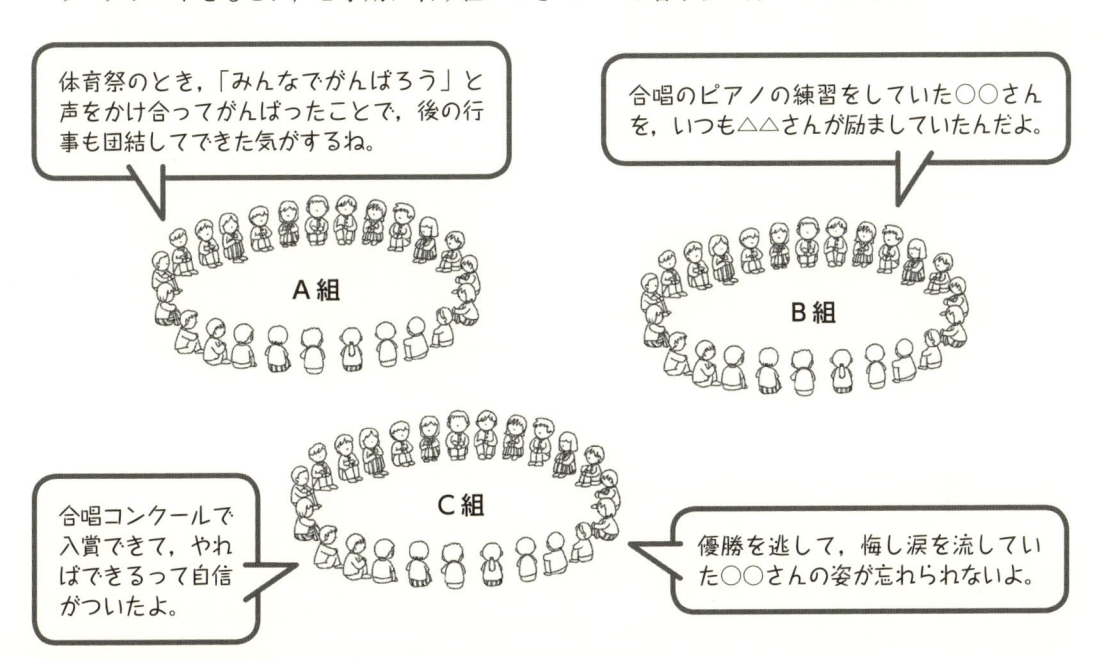

> 体育祭のとき，「みんなでがんばろう」と声をかけ合ってがんばったことで，後の行事も団結してできた気がするね。

A組

> 合唱のピアノの練習をしていた○○さんを，いつも△△さんが励ましていたんだよ。

B組

> 合唱コンクールで入賞できて，やればできるって自信がついたよ。

C組

> 優勝を逃して，悔し涙を流していた○○さんの姿が忘れられないよ。

・感じたことや気づいたことを，3学期にどのようにつなげていくかを考える。

4 全体での共有
・学級ごとに話し合ったことを，学年で共有する。

5 発展的な活動として
・学級の成長を表す掲示物を作成する（学級旗の作成など）。
・3学期に取り組むことのスローガンを考える。

中2 冬休み前（信頼・仲間）

成功の秘訣
- □ **スライドの作成** 生徒が写真を選び，自分たちでスライドを作ってもよい。
- □ **空気づくり** 場の雰囲気づくりが大切である。それぞれの体験の意味づけ，価値づけを行い，3学期への意欲と自信がもてるようにする。

エクササイズを使ってみよう
「みんなでつくろうよりよいクラス」「別れの花束」「私は私が好きです。なぜならば…」「いいとこさがし」

中2 冬休み前（キャリア）

リーダーとしての役割と責任
～生徒会役員選挙～

| Keyword | 公の私 | メンバーシップ | リーダーシップ |

これだけは押さえよう！

- 3年生が中心であった生徒会活動を，2年生が引き継ぐ時期である。これまでの経験からさらに一歩前に進もうとする生徒たちを励ましながら，視野を広げ成長できる機会とする。
- 代表候補を自分たちのリーダーとして，サポートしていけるようにする。
- 生徒会の代表は，自分たちの学校を代表する顔となる立場であることを意識させる。

私たちの求めるリーダー

リーダーに必要な力とは

① 自分たちの学校をよりよくするために求めるリーダーとはどういう姿か，反対に困ったリーダーの姿はどうかについて話し合いをする。

求めるリーダー	困ったリーダー
例・信頼できる　・誠実 ・優しい　　　・人の話を聞く ・みんなのために働きたい ・役に立ちたい ・学校をよりよくしたい	例・自分勝手　・いいかげん ・優柔不断　・目立ちたがり ・感情的　　・決まりを守らない ・受験に有利　・名前だけ

② 自分たちの学校の生徒会リーダーとしてどういう役職があり，それぞれにふさわしい姿を考え，立候補者や推薦者を出す。

指導ポイント！

- 生徒会の仕事が理解できるように説明する。自分にできること，やってみたいことを具体的に思い描き，実行できるように勇気づける。

学級のサポート

ポスター作成の手伝いや朝・昼の声かけ運動の手伝いなど，学級の一人一人が自分の特性や得意分野からアイデアや技術を出し合い，「学級のみんなで応援しよう」「○○さんは学級の代表だ」という意識で，学級から立候補する人の選挙活動をサポートできるように役割分担を考えさせていく。

```
　　　　　～生徒会長立候補者の○○さんを学級みんなで応援しよう！～
 1  選挙ポスターの作成担当　　＊字を書いたり絵を描いたりします
      （　　　　　　　）（　　　　　　　）（　　　　　　　）
      （　　　　　　　）（　　　　　　　）（　　　　　　　）

 2  たすきづくり　　＊模造紙で目立つように作ります。
      （　　　　　　　）（　　　　　　　）（　　　　　　　）

 3  応援演説担当　　＊○○さんのよさをアピールしましょう。
    原稿作成（　　　　　　　）（　　　　　　　）
    演説担当（　　　　　　　）（　　　　　　　）

 4  朝の校門でのあいさつ運動と昼休みの学級めぐりの協力
      あいさつ運動と学級めぐりの活動に参加して，応援しましょう。
      　　月　　日（　）朝（　　　）（　　　）昼（　　　）（　　　）
      　　月　　日（　）朝（　　　）（　　　）昼（　　　）（　　　）
      　　月　　日（　）朝（　　　）（　　　）昼（　　　）（　　　）
      　　月　　日（　）朝（　　　）（　　　）昼（　　　）（　　　）
      　　月　　日（　）朝（　　　）（　　　）昼（　　　）（　　　）
```

自己アピール～選挙演説～

立候補者へ個別に指導をする。
- □ 話し方のコツ
  - ・3分間で印象に残す工夫
- □ 立候補の演出
  - ・ポスターやたすき
  - ・キャッチフレーズ

> 生徒会長に立候補しました○○です。「あいさつ日本一」の学校になるような活動を生徒会活動に取り入れていこうと思います。

成功の秘訣

□ **全員で分担する**　学級全体が何らかの選挙活動に携わり，生徒会活動の活性化を促す。

参考文献：松井由美子（2005）「9月の学級経営」『中学教育　2005年9月号』小学館，品川区教育委員会市民科カリキュラム作成部会（2006）『品川区小中一貫教育市民科［8・9年生］』教育出版

中2　2月（環境・約束）

集団生活のなかで、心配りとして必要なことを知る

| Keyword | 自律した学級 | 心配り | 集団生活 |

これだけは押さえよう！

- 集団生活のなかで馴れ合いが生じ、相手のことを考えず行きすぎた言動が出やすくなるので、学級の自律を考えさせる。
- 「許せない言動」が自分と相手とでは同じではないことを知る。
- 自律した学級になるためには、協力が必要であることを知る。集団活動の敵は何かを考える。

親しき仲にも礼儀あり

グループ活動で許せないのは？

【ねらい】
集団生活を送るうえで、人からされていやなこと、自分がしないように気をつけていることを話し合い、だれもが気持ちよくすごすために大切な心配りを考える。

【準備物】
ワークシート「これだけは許せない」

【やり方】
① ワークシート「これだけは許せない」の「グループ活動で許せないのは？」の欄に、個人で気持ちのレベルを考え、🐰🐰🐰🐰に○をつける。
② 自分の許せないランキングを考える。
③ 班員のランキングを聞いて、ワークシートに記入する。
④ 班で話し合って、ワースト3を決める。
⑤ 班で話し合ったワースト3を「こんな場合はどうしますか？」の欄に記入する。
⑥ ワースト3への対応策や言葉かけを班で考える。
⑦ 集団生活をするうえで大切なことは何か、気づいたことを学級全体で話す。

ワークシートの記入例

これだけは許せない

グループ活動で許せないのは？

絵文字: 許せる / まあまあ / ちょっといやだ / 怒り爆発

	これだけは許せない	気持ちのレベル	ランキング 自分	班員	班員	班員	班
①	班で決めたことなのに，係の仕事をやろうとしない	🐰🐰🐰🐰					
②	仲のいい人と同じ仕事でないとやろうとしない	🐰🐰🐰🐰	1				
③	グループでひそひそ話をする	🐰🐰🐰🐰	2		3		
④	班活動中に机をくっつけようとしない	🐰🐰🐰🐰	3		1		3
⑤	グループ活動に参加しようとしない	🐰🐰🐰🐰					
⑥	連帯責任の原因をつくっているのに，なにもせずに帰ってしまう	🐰🐰🐰🐰			2		2
⑦	グループ活動のときに意見を言ってくれない	🐰🐰🐰🐰					
⑧	行事では，一部の人たちだけで活動内容を進めてしまう	🐰🐰🐰🐰					1
⑨	グループで係を決めたとき，意思表示をしないで，あとで文句を言う	🐰🐰🐰🐰					

①気持ちのレベルに○をつける。
②自分のランキングを記入する。
③班員のランキングを記入する。
④話し合いで班のランキングを決める。

こんな場合はどうしますか？ → ワースト3

	許せない行動	それに対してどうするか
1	グループでひそひそ話をする	
2		
3		

⑤班で考えたワースト3を記入する。
⑥許せない行動への対応策や注意の言い方を考える。

中2 2月（環境・約束）

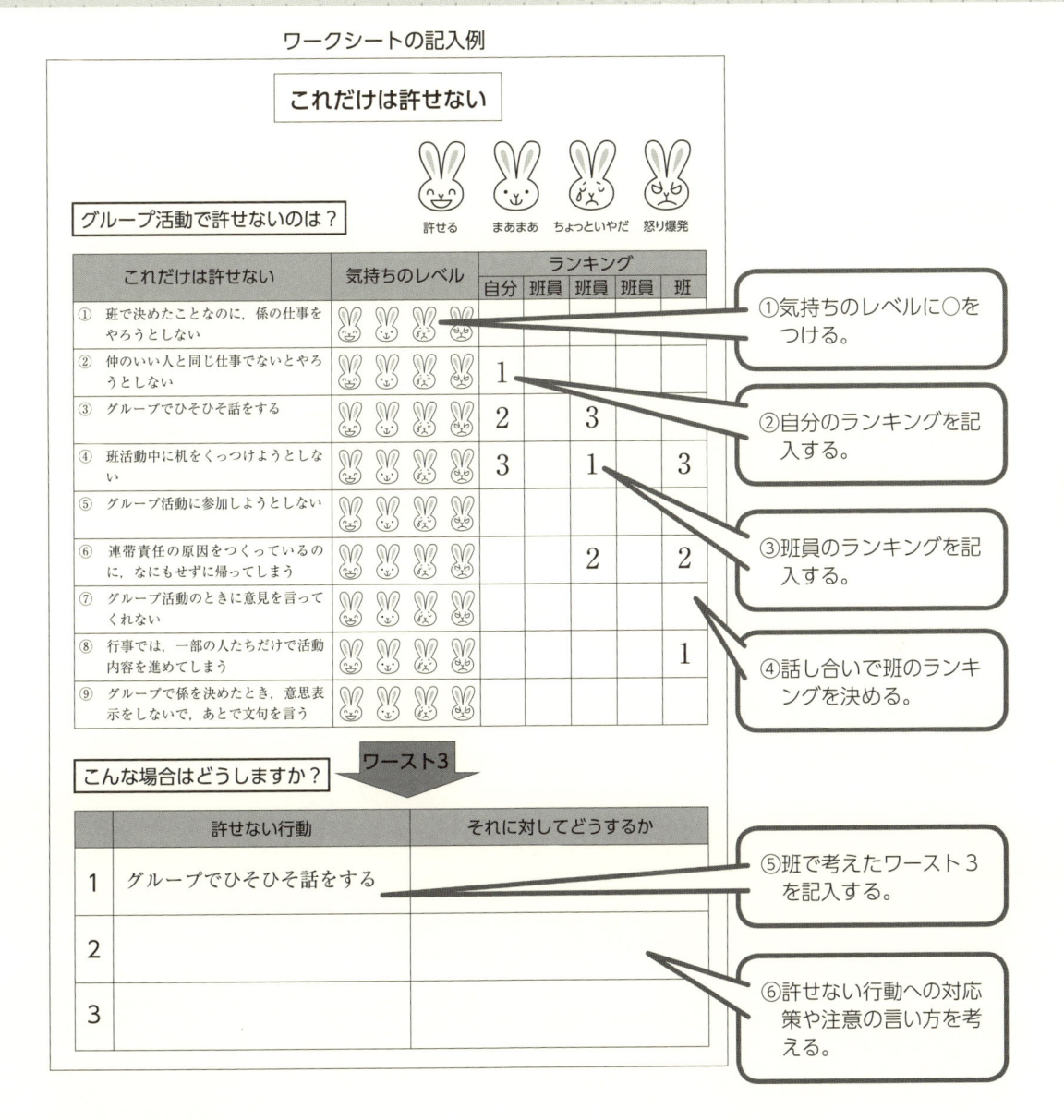

成功の秘訣

☐ **班でのワースト3**　班での意見は多数決で決めない。少数意見を大切にする。

参考文献：品田笑子（2008）「親しくない人とでも区別しないで班活動をする」河村茂雄・品田笑子・小野寺正己編著『学級ソーシャルスキル　中学校』図書文化　pp.122-125

中2　2月（信頼・仲間）

学級の総仕上げ

Keyword　仲間のよさ　学級のよさ　企画力

これだけは押さえよう！

- これまでの学級の成長や自己の成長をみつめ，「このクラスでよかった」という思いをもつとともに，成長を支えてくれた人へ感謝の気持ちを素直に伝えられるようにする。
- 進級までの残りの数週間，特に大きな行事もなく，目的もなく過ごしがちな時期であるが，生徒たちにはもうひと踏ん張りさせたいところである。残された学級での生活や学習に，精一杯取り組めるような活動を意図的に設定していく。

ごめんね……。ありがとう!!

カードで気持ちを伝えよう

【ねらい】
1年間共に過ごした仲間に素直な気持ちを伝えることで，仲間との絆を深める。

【準備物】
ありがとうカード，ごめんねカード

【やり方】
① いままで撮りためておいた写真や映像を見せて，この1年間，学級としてどうだったのかを振り返る雰囲気をつくる。
② 初めに教師が学級の子どもたちに言いそびれた「ありがとう」と「ごめんね」を語る。
③ 1年間共に過ごしたクラスメートに，いまだから言える「ありがとう」や「ごめんね」はないか考える。
④ 「ありがとう」「ごめんね」をそれぞれのカードに書く。班の人には，必ず書くようにする。
⑤ 書いたカードを本人に渡す。

ありがとうカード
○○より

ごめんねカード
○○より

もうすぐ，中学校生活の3分の2が終わろうとしています。入学したころに比べて，心も体も大きく成長しました。でもそれは，自分だけががんばったからでしょうか？
学級の仲間からの応援や励ましがあったからこそ，成長できたことがあると思います。仲間のおかげで気づいたこともいろいろあるでしょう。そんな1年間を振り返り，共に過ごした仲間に素直に「ありがとう」と言える自分でありたいですね。

私たちの挑戦

トライ&トライ

> よい企画のポイント
> ① 学校のルールにのっとった企画か。
> ② どうやったら達成できそうか。
> ③ 成功させるためには何が必要か。

【ねらい】
学級全員で力を合わせて1つのことに挑戦し，学校のルールにのっとった活動を企画・実行することで，1年間の締めくくりにふさわしい成就感をもてるようにする。

【やり方】
① トライする内容を考える。
　・残された数週間，自分たちで挑戦してみたいこと，自分たちの力で成功させてみたいこと，学級としてやっておきたいことを班で話し合い，企画書を作成する。
　【例】
　・完璧清掃活動実施！～名誉挽回のチャンス～
　・レッツあいさつ運動～気持ちのいい朝のスタートを～
　・チャレンジボランティア～誰かの役にたつ～
② トライする内容の決定
　・作成した企画書をもとに，班ごとに発表する。各班の発表から，学級として取り組む内容を決定する。
③ 実行委員会で細案を練り，活動を開始する。
　・実行委員を募り，企画書をもとに細案を練り，学級で活動する。
④ 活動のPR
　・模造紙に活動内容や決意を書き，教室や廊下に掲示し，学級の活動をPRする。
　・他の学級の取り組みを見て，よいところを参考にする。学級で作戦会議を行い，より充実した活動になるようにする。
⑤ 中間報告（評価）
　・計画がうまく進んでいるか検証を行う。
　・成功させる手立てや，さらに活動を盛り上げるための手立てを考える。

トライ&トライ（企画書）
　　　　　　　　　　　班

タイトル

1　目的
2　内容
3　実施方法
　・日時…
　・場所…
　・対象者…
　・内容…
　・方法…
4　備考

中2　2月（信頼・仲間）

成功の秘訣

□ **企画力アップ**　企画書の作成では，ルールにのっとった行動かを常に考えさせる。
□ **生徒が主役**　自分たちの力で達成できるように，運営は生徒たちに任せる。
□ **教師の働きかけ**　活動の状況を把握しておき，適宜評価を入れることで活動を促進する。
「プラスの言葉をかけ合っていたね！」「新しい作戦を考えていたね」「『もう1回やってみよう！』と励ましていたね」など。

中2 2月（キャリア）

いまある自分を考える

Keyword | 内観 | 自尊感情の向上 | 節目のピリオド

これだけは押さえよう！
- １年間の自分を肯定的に受け止め，自己理解を進められるようにする。
- 進級を節目に，ふだん素直に接することができにくくなっている家族とのかかわりを「感謝」と「謝罪」の視点から具体的に振り返り，自分の言動を意識する機会とする。

自分を見つめる

いまの自分はどんな人？

① ワークシートの30項目から，「私に当てはまる」と思う項目を５つ選んで「○」を記入する。
② 自分が「○」印をつけた項目に，マーカーや色鉛筆などで色をつける。
③ 色をつけた項目の言葉をうまく使い，「いまの自分はどんな人か」をできるだけ肯定的に書いてみる。

発展 エクササイズ「私の四面鏡」を参考例にして，ワークシートに「友達から見た私」の欄を設けると，自己理解が深まる。

いまの自分はどんな人だろう

2年　組　名前

次の30項目を使って普段の自分を思い浮かべることで，「いまの自分」について確認してみましょう。

★「私に当てはまる」と思う項目を５つ選んで「○」をつけよう。

1	陽気		16	すなお	
2	にこやか		17	情熱的	
3	ユーモアがある		18	温和	
4	人なつっこい		19	きちょうめん	
5	おおらか		20	きれい好き	
6	無邪気		21	決断力がある	
7	友好的		22	規律正しい	
8	良心的		23	個性的	
9	誠実		24	ていねい	
10	まじめ		25	自主的	
11	あたたかい		26	慎重	
12	親切		27	努力家	
13	責任感が強い		28	冷静	
14	正直		29	活動的	
15	独創的		30	勤勉	

★「○」をつけた項目の言葉を使って，「いまの自分はどんな人か」を書いてみよう。

節目のピリオド

メッセージカードを書こう

① 1年間の家族とのかかわりを具体的に振り返り，メッセージを書く。

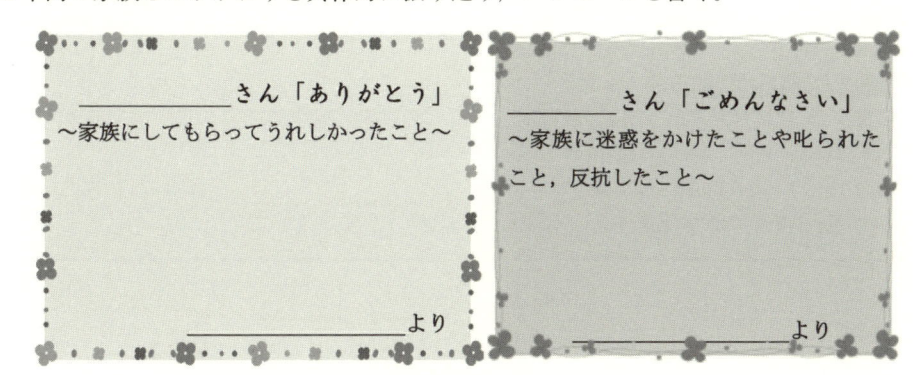

```
_____さん「ありがとう」
～家族にしてもらってうれしかったこと～



_____                     より
```

```
_____さん「ごめんなさい」
～家族に迷惑をかけたことや叱られた
こと，反抗したこと～


_____                     より
```

② ペアになって，メッセージカードの内容をインタビューし合う。
　　・書いた内容に補足して答えてもよいことを伝える。

> 家族に「ありがとう」を言いたいことは，どのようなことですか。

> 毎日，母やときには父に工夫を凝らしたお弁当をつくってもらっていることです。

> 家族に「ごめんなさい」を言いたいことは，どのようなことですか。

> 3日前に雑誌の取り合いをして，姉とけんかしてしまったことを謝りたいな。

③ この活動を通して，感じたことや気づいたことを書く。

成功の秘訣

☐ **5W1Hの意識**　家族との関係を振り返る際には，5W1Hを意識し，できるだけ具体的なエピソードを想起させるようにする。

☐ **実態に応じた対応**　書いたメッセージを家族に渡すかどうかは，生徒の実態に応じて臨機応変に考えていく。

エクササイズを使ってみよう

「私の四面鏡」

参考文献：簗瀬のり子（2005）「節目のピリオド」國分康孝・國分久子監修『思いやりを育てる内観エクササイズ』
　　　　　図書文化　pp.106-109

中2　2月（キャリア）

第3章　学級づくりカレンダー

中2 学年末（環境・約束）

自分たちの教室との別れ

Keyword | 役割分担 | 学級への貢献度 | 教室への感謝

これだけは押さえよう！
- 地道に貢献している生徒に焦点を当て，さまざまな場面で評価をしていく。
- 掃除をすることで，教室への感謝を高めていく。
- 自分たちの教室という意識をもって掃除の計画を立てる。

みんなで教室をきれいにして次へ渡そう

学年末の大掃除

大掃除の極意
- ☐ 全員が1人1つの掃除道具を持っている
- ☐ 全員が掃除のやり方がわかっている
- ☐ 全員が誰がどこをやるのかがわかっている

身近な道具発見
大掃除をするにあたって，子どもから自分の家でどんな道具を使っているかを紹介してもらう。
（例）使い古しの歯ブラシで窓のサッシの溝の掃除をする。

掃除方法
- ☐ 掃除を始める前に，ロッカー・机の中のプリント類の整理をしておく。
- ☐ 机・イスの脚の裏を各自雑巾で拭く。
- ☐ 机・イスを廊下に出すときの手順と置く位置を計画しておく。
- ☐ 教室の床を分割し，各自分担の箇所を片手に雑巾・片手にスポンジを持って床を磨く。

掃除時間
- ☐ 時間の設定を事前にしておく。
- ☐ 見通しのたつ時間設定をして掲示し，時間どおりに終わる。

掃除範囲
- ☐ 「やることがない」と言わせないために，役割分担と掃除区域を事前に明確にしておく。
- ☐ 役割分担は誰がどの場所かわかるように掲示する。

掃除場所

- ☐ 持ち物の整理整頓
- ☐ 机・イスの上・中・足元の汚れ
- ☐ 壁面・壁の汚れ
- ☐ 黒板・黒板クリーナー
- ☐ 掃除道具入れ
- ☐ 教卓・本棚
- ☐ カーテンの修繕状況
- ☐ 天井や壁の修理
- ☐ 床の汚れ
- ☐ ロッカーの整理整頓
- ☐ 掃除道具の状態と補充
- ☐ 窓の汚れ
- ☐ 蛍光灯
- ☐ [　　　　　　　　]　☐ [　　　　　　　　]

> 　1年間過ごした教室をきれいにして、次の学年に引き渡しましょう。最上級生になるための心の準備として大事な行事の1つです。
> 　美化委員と計画を立てて、全員が作業できるように道具や掃除場所を明確にしておくことが大事です。
> 　すべて作業が終了するための時間配分も大切ですが、残った箇所はボランティアで作業するなど教室に愛着をもって作業できるように、係り会や班長会で提案してみましょう。
> 　<u>自分たちの教室</u>という意識をもって、作業にあたるようにしましょう。

中2　学年末（環境・約束）

「大掃除」の振り返り　　　　記入者 [　　　　　　　]

Aできた　Bまあまあできた　Cできなかった

1　それぞれが担当している箇所で積極的に作業ができましたか。　[　　]
2　それぞれが時間いっぱい作業ができていましたか。　　　　　　[　　]
3　班で協力しながらできていましたか。　　　　　　　　　　　　[　　]
4　各掃除区域の場所はきれいになりましたか。　　　　　　　　　[　　]
5　楽しんで作業できていましたか。　　　　　　　　　　　　　　[　　]
6　大掃除が終わったときの感想

特別支援の観点から

ゴール設定
- 大掃除の全体的な時間設定だけでなく、一人一人が担当する場所と役割も具体的に掲示する。

成功の秘訣

☐ **保護者へ**　学級通信などで保護者に呼びかけ、大掃除に協力してもらう。掃除後に保護者へ感謝状を渡すなどの取り組みをすることで行事とすることもできる。

☐ **掃除を楽しむ**　同じやるなら楽しく行うための工夫をする。例えば、横一列に並んで、みんなで「せーの」と声をかけて雑巾がけをするなど。

中2 学年末（信頼・仲間）

最終学年に向けての準備

Keyword 学級史 達成感 最終学年への自信

これだけは押さえよう！

- 1年間の行事やさまざまな出来事を振り返り，自分の学級への愛着を高める。友達のよさを再確認するとともに，いろいろな人に支えられていまの自分があることを知り，他者に対する肯定的感情やあたたかな人間関係のなかで2年生を締めくくる。
- 学級開きから現在までの学級としての成長を1つ1つ振り返る。自分たちがつくり上げてきた学級に誇りをもつことで，最終学年への意欲を高める。

1年間の行事の振り返り

学級史を作ろう

① 月ごとのおもな行事や学級の出来事を，学級担任が書き出しておく。

② ①を見ながら，一人一人が各出来事に対するコメントを付箋紙に書く（なるべくたくさんのコメントを書く）。

③ コメントを書いた付箋紙を①に貼り，「学級史」として教室に掲示する。

「大縄跳びの練習のときはみんな必死だったね。でも，ジンクスを破って優勝できてうれしかったよ。」

自分たちでつくり上げてきた学級の振り返り

学級史の振り返り

【ねらい】
２年生から３年生へは学級編制替えのない場合が多い。「次はこんな学級にしたい！」「３年生ではこんな学級になっていたら幸せ！」という，来年度に向けてのゴールを共有する。

【やり方】
学級史のコメントを見ながら，自分たちの学級のよさを振り返り，これまでの活動の成果を互いに認め合う。以下のテーマについて班で話し合う。

　　＜テーマ＞
　　　トーク１：学級史のなかで，いちばん印象に残ったコメントは？
　　　トーク２：班内で学級や仲間への感謝の気持ちを交流しよう。

【ポイント】
・みんなで努力してできたことに焦点を当て，さらに学級をよくしていくために，学級全体でどのようなことができるかを考える。
・教師から肯定的評価を行う。

成功の責任追及
～学級にとってプラスになった出来事や行事について振り返る～
学級史を振り返るなかで，学級として成功した出来事について，どのようなことがあったから（どのような声がけがあったから）成功したかを追及しよう。仲間からの声がけや，支えがあったことを改めて感じるなかで，３年生でのラストの１年も前向きな気持ちをもって迎えるようにしたい。

（鹿嶋真弓　平成25年度学級経営充実講座から）

　　　ラスト１年も
　　　この仲間とならやれる！

成功の秘訣

□ **教師のコメント**　生徒と違う色の付箋紙に教師もコメントを書き，そのときの思いを伝えながら学級史に貼っていくとよい。
□ **写真の活用**　学級史に行事の写真などを貼ると，思い出がより鮮明になる。

エクササイズを使ってみよう

「別れの花束」

中2 学年末（キャリア）

最上級学年に向けての心がまえ

Keyword 不安や焦りの解決　3年生への感謝

これだけは押さえよう！

・進路選択に向けてのあせりや不安を取り上げて，解決方法を探る。
・最上級生として学校をリードしてくれた3年生に，感謝のメッセージを贈る。

最上級学年に向けて

【ねらい】
最上級学年を間近に控え，進路について感じ始めている不安やあせりを取り上げることで，次年度に向かう心構えをつくる。

【やり方】
① 不安に思っていることやあせりを感じていることなどについて，各自でアンケート項目に○をつける。
② アンケート結果を班で共有する。
③ アンケート結果から，アドバイスが欲しいものを班で3つ選び，隣の班に渡す。
④ 隣の班から渡された悩みについて，アドバイスを考えて書く。
⑤ 奇数班と偶数班に分かれて，交互に解決方法を伝え合う。
⑥ アドバイスの中から，参考になりそうなことを自分で試してみる。

1 どんなことが不安かな!?

No.	アンケート項目
1	勉強方法がわからない。
2	時間の使い方がわからない。
3	気持ちだけあせって，何も手がつかない。
4	どんな高校や進路先があるのかわからない。
5	高校の試験はどうなっているのか知りたい。
6	就職するにはどうするのか手続きを知りたい。
7	自分の希望と家族の考えが違う。
8	どうやって進路先を決めるのかわからない。
9	将来の夢が考えられない。
10	進路のことを相談する人がいない。
11	その他（具体的に記入：　　　　　　）

2 不安やあせりをみんなで解決しよう

□ アドバイスが欲しい悩みを3つ選ぼう。
1 【項目No.　　】
2 【項目No.　　】
3 【項目No.　　】
□ 解決アドバイスを書こう。

【項目No.　　】私の解決法（私はこのように解決した）

3年生へのありがとう

卒業式にメッセージを

【目 的】
卒業式の日に3年生に向けて感謝の気持ちとはなむけの言葉を贈る。
【内 容】
兄弟学級（同じ1組やA組などの学級），または体育祭などで同じチームだった学級の3年生に対して，メッセージ入りの装飾をつくる。
【準備物】
模造紙・色フェルトペン・のりなど。必要に応じて，折り紙や千代紙，リボン，色画用紙，お花紙
【作成例】

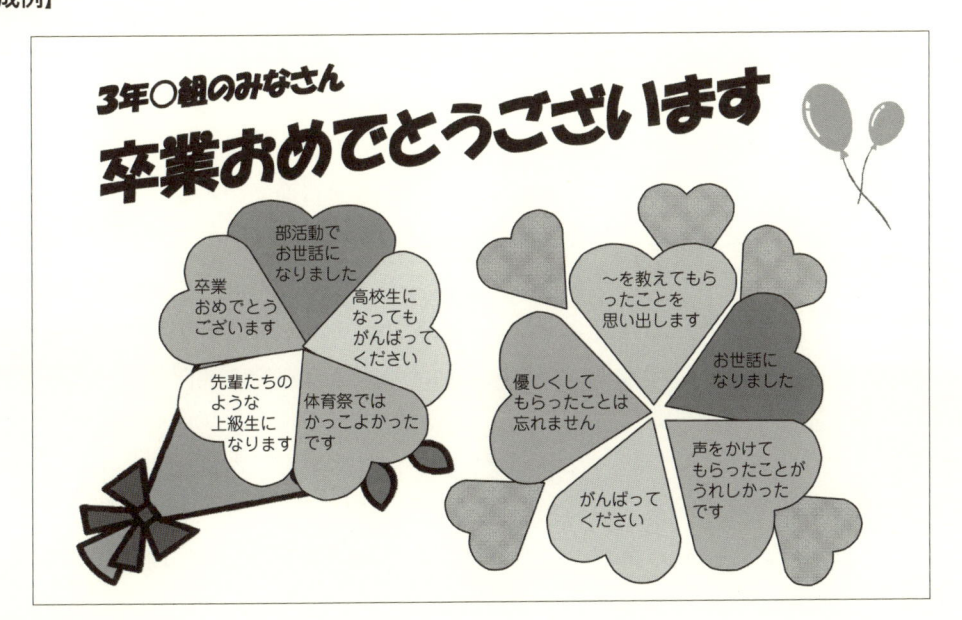

（作成例の図：「3年○組のみなさん　卒業おめでとうございます」と書かれた、ハート型の花びらにメッセージが書かれた装飾）
- 卒業おめでとうございます
- 部活動でお世話になりました
- 高校生になってもがんばってください
- 先輩たちのような上級生になります
- 体育祭ではかっこよかったです
- ～を教えてもらったことを思い出します
- お世話になりました
- 優しくしてもらったことは忘れません
- 声をかけてもらったことがうれしかったです
- がんばってください

【掲示方法】
・卒業式会場の装飾として，壁面に飾る。
・卒業式の朝，3年生の各教室の黒板に掲示する。
・卒業式の3日前くらいから，3年生の教室に近い場所の廊下の壁に貼る。
【アレンジ】
・A3用紙1枚に，3年生へのメッセージを寄せ書きし，印刷して3年生に渡す。

成功の秘訣

☐ **アンケート結果**　進路への不安についてのアンケートは，結果を生徒同士で共有するとともに，学級通信などを使って，家庭にも発信していく。

☐ **全員ができること**　3年生へのメッセージは，一人一人に花型やハート型などの形に切ったカードを渡すなどして，全員がメッセージを書きやすいように工夫をする。

4 中学3年生の学級づくり

(1) 中学3年生の1年間とは

　3年生になると，進路決定に向けたカウントダウンが，いよいよ始まります。そして，すべての行事に「中学校生活最後の」「義務教育最後の」と枕詞がつくようになります。

　部活動に夢中になって取り組んでいた生徒にとって，引退をどのように乗り越えるかという，最初の試練が訪れます。部活だけを楽しみに学校に来ていた生徒にとって，卒業までの残りの期間，何を楽しみに学校に来るかは，かれらにとっての最重要課題となるでしょう。こうした生徒たちへ，新しい学びにワクワクするような授業を日々展開することも，私たち教師の役目といえます。

　また，生活指導上何かと気になっていた生徒が，進路選択を前に，突然，まじめに授業に取り組み始めたり，内申点を意識して専門委員に立候補したりすることもあります。その反対に，受験という現実に直面し，自暴自棄になって授業をエスケープしたり不登校になったりするケースも出てきます。これらは，いずれも学習面での不安がそのまま進路選択への不安となったために起こる現象と考えられます。

　成績のよしあしにかかわらず，受験のことを考えると誰もが不安になります。しかし，自分だけが苦しい，自分だけが辛いのではありません。こうした苦悩から逃れるために，安易な方向へと流されるのではなく，15歳で直面する大きな壁を，仲間と共に切磋琢磨しながら乗り越えることで，生徒たちは成長していきます。

　体育祭や文化祭，合唱コンクールなどの学校行事では，中心的役割を2年生にバトンタッチした後ですが，3年生全員を何らかの形で推進役に位置づけることで，活躍の場をつくることができます。例えば，体育祭での縦割りの応援練習では，応援団長と応援団員が中心となって，応援練習を行います。また，合唱コンクールでは，3部合唱（ソプラノ・アルト・テノール）の2年生までに対して，3年生になると変声期を過ぎたバスを加えた4部合唱が可能になります。

　このように，誇れる3年生の存在は，後に続く2年生や1年生のよきモデルとなります。さらに，伝統を守りながらも自分たちの独自性を出し，新たな伝説をつくっていくことも，3年生だからこそできることです。

　中学3年生は義務教育の最後の年でもあります。自分の希望する高校に入学したのに，不登校になったり退学したりすることがないよう，社会への適応や人間関係に必要なソーシャルスキルが身についているかを再確認し，卒業に向けて巣立つための準備を進めます。中学3年生までに身につかなかったソーシャルスキルが，これから先，何もしないで自然と身につくものではありません。社会に出て困らないための総仕上げが必要なのです。

(2) 中学3年生　学級づくりのポイント

【環境・約束】
　大切な最後の1年間を，どのような環境の中で生活したいか，生徒一人一人に明確なイメージをもたせることが大切です。いいなと感じるクラスに入れたらラッキー，もしも，そうでなかったら，自らいいクラスにすればいいだけのことです。教師はそのためのお手伝いをしましょう。

【信頼・仲間】
　人としての在り方，生き方を，仲間の力を借りながら模索する時期です。他者のいいところを見つける力を育てることで，仲間や身近な大人の中にモデルを見つけられるようになります。

【キャリア】
　受験に対する不安は誰にでもあります。その感情を受け止めながら，学級の全員が自己実現のために，いま何をすべきか考えて実行できるよう，サポートしましょう。また，進路選択に向けて生徒のモチベーションを維持するための工夫も必要です。

4月	環境・約束	最上級生としての大切なスタート！	P124
	信頼・仲間	新たな学級のスタート～1年間の軌跡～	P126
	キャリア	進路決定に向けて見通しをもつ	P128
6月 (重点月Ⅰ)	環境・約束	言語環境を整える	P130
	信頼・仲間	みんなで学力アップ	P132
	キャリア	パソコンを使って，自分のことを知る	P134
夏休み前	環境・約束	理想のリーダーとメンバーをめざす	P136
	信頼・仲間	仲間のすごさに気づける自分	P138
	キャリア	上級学校を知る～進路説明会・体験入学～	P140
9月 (重点月Ⅱ)	環境・約束	感動的な時間を過ごす	P142
	信頼・仲間	大切な1冊～ビブリオバトル～	P144
	キャリア	未来通知票	P146
冬休み前	環境・約束	面接のためのロールプレイ～お互いに練習し合う～	P148
	信頼・仲間	仲間の力を借りてお悩み解決	P150
	キャリア	未来は変えられる～進路選択決定～	P152
2月 (重点月Ⅲ)	環境・約束	思いやりのある行動	P154
	信頼・仲間	全員で受験を乗り切る	P156
	キャリア	大切な人への感謝の気持ち	P158
学年末	環境・約束	伝統のバトンタッチ	P160
	信頼・仲間	伝説に残る卒業式	P162
	キャリア	新たな生活への一歩	P164

中3　4月（環境・約束）

最上級生としての大切なスタート！

Keyword | 学級目標 | 夢を叶えるために | 下級生に伝えるもの

これだけは押さえよう！

- 中学校生活最後の学年がスタートする。一人一人が進路に向けて学習意欲を高めていけるようにする。
- 最上級生として，後輩のモデルとなるような取り組みを行う。この学校に残したいものや伝えたいものを話し合うようにする。

学級目標をつくる

学級目標を決めるときの観点

- ☐ 最上級生としての決意を考える。
- ☐ 一日一日を大切にしていく目標を考える。
- ☐ 守るべきルールを確認する。
- ☐ 卒業式のイメージをもつ。

（どんな学級目標がいいかな。）

学級目標の決め方（例）

① 自分たちの進路を実現するためにはどんな学級にしたいかを各自が思いつくままにいっぱい出してみる。
② 個人で出した内容を班で話し合う。
③ 班で話し合った候補を全体の話し合いに出す。
④ 各班で出したことをもとに学級目標を決定する。
　➡ P127「学級のシンボルづくり」参照

めざせ一人前

自ら進んでやる人
全体で言われてからやる人
個人で言われてからやる人
個人で言われてもやらない人
あなたはどの人？

第3章 学級づくりカレンダー

夢を叶えるために

最後の1年間

- ☐ 学級担任がどんな1年にしたいかを話す。
- ☐ どんな学級として卒業したいかを具体的な姿でイメージする。
- ☐ 学級目標を考える。
- ☐ 1年間の行事を見通して、それぞれの到達する目標を立てる。

自分の大事な1年とするために

- ☐ どんな自分になりたいかを考える。
- ☐ 今年1年のがんばることを考える。
- ☐ 来年の4月の自分を思い浮かべながら自分の目標を考える。
- ☐ 宣言文を書く。
- ☐ 一人一人宣言する。

➡ P40「中学生の誓い」参照

下級生に伝えるもの

いろいろな取り組み例

例1
4月に1週間の挨拶運動

＞先輩たちの挨拶運動ってすごいな。

例2
委員会を活用して1年生とともに花壇に花を植える。

＞花いっぱいの学校にしたいね。

例3
授業の様子や日常の先輩の活動をビデオに撮って紹介する。学び合う関係・授業を大切にする態度を、先輩として後輩に伝える。

＞わからないことは、わからないと言えるって大事だよね。

＞学習規律を守り、授業を大切にする学校でありたい。

🍀 特別支援の観点から

学級目標の掲示の仕方
- 教室の黒板の上に貼るならば、黒板の周りは掲示物を貼らない。
- 生徒が集中しやすいように、黒板周りはできるだけすっきりとさせる。

成功の秘訣

☐ **先輩を超える卒業式** 3月の先輩たちの卒業式を思い出し、自分たちの卒業式ではそれを超えられるような1年にしようと学級へ伝える。

参考文献：尾﨑朱（2013）「教室環境準備のワザ—①壁面掲示」曽山和彦編『気になる子への支援のワザ』教育開発研究所 p.20

中3 4月（環境・約束）

125

中3　4月（信頼・仲間）

新たな学級のスタート
～1年間の軌跡～

| Keyword | 仲間との1年 | 学級のシンボル | 自分たちの足跡 |

これだけは押さえよう！

- 中学校最後の1年間で自分たちの足跡をどのように残していくか，最上級生としての自信と自覚をもたせるような活動を意識的に仕組む。
- マンネリを防ぎ，自分を見つめ，仲間を再確認することからスタートする。
- 2年生のときの「よかったこと」「悪かったこと」を振り返り，さらによい学級にするためにはどうすればいいかを考える。

新たなスタートの演出

始業式後の学活

3年○組スタートの日
① 出欠確認（一人一人の名前を呼ぶ）
② 担任・副担任の紹介
③ 詩の紹介（➡ P38「詩の紹介」を参照）
④ こんなクラスにしよう
　（担任の思いや願い，どんな過ごし方をするとどんなことが起こるかなどを語る）

学級開きで伝えたいこと

- 最上級生として，義務教育最後の1年間，精一杯自分の力を出し切ろう。
- 下級生のお手本となり，学校の伝統をつくり上げていこう。
- 進路実現は団体戦。自分の進むべき道を仲間とともに考え，支え合いながら乗り越えよう。
- がんばればがんばった分だけ本物の感動を味わえる。

新たな学級のスタート

学級目標の再設定
① 2年生のときの学級の「よかったこと」「直したいこと」を振り返る（ペアや班で）。
② どんな学級や学校にしたいか考える。
③ 個々の思いを学級目標につなげる。

学級のシンボルづくり

学級目標をシンボル化し，学級の旗や歌，マークやキャラクターなどをつくることで，自分たちの学級に積極的にかかわり，自分たちが学級をつくっていくという意識を育てる。

【ステップ1】みんなの思いがつまった学級目標をつくろう

【やり方】
① 「こんな学級にしたい」「こんな学級だったらいいな」という願いを個人で考え，一文一意になるように付箋に書く。（1枚に1つ，一文一意で書くことを指示しておき，できるだけたくさん書くようにする。）
② 班で一人ずつ書いた内容を読みながら，画用紙に付箋を貼っていく。
③ みんなで出し合ったものを全員でながめ，班でいいものを選ぶ。
④ 学級目標作成実行委員会で各班から出た願いを整理し学級目標を設定する。
⑤ 学級目標の発表会を設定し，この目標は学級の一人一人の願いが込められていること，学級をよくするための道しるべであること，目標達成に向けて学級全員で取り組んでいこうということを確認する。

【ステップ2】学級目標をシンボル化しよう

【やり方】
① 学級目標をどのようなシンボルにするか学級で話し合う（学級の旗・学級目標のボード・学級のマーク・学級の歌・キャラクターなど）。
② どんなシンボルにするか決まったら，学級目標の言葉からイメージするものを出し合う。
　　　明るく元気な → 太陽　赤　炎　など
③ 学級目標作成実行委員会で企画案を練り，学級に下ろす。
④ 学級のシンボル作成に向けて役割分担と計画を立てる。
⑤ 学級全員で取り組み完成させる。

成功の秘訣

□ **人間関係の再構築**　クラス替えがなかった場合も，学級の人間関係を再確認し，再構築する。
□ **学級のシンボルづくり**　学級担任と学級の生徒全員が学級への思いを出し合い，全員でつくり上げることを大事にする。
□ **学級目標作成実行委員会のつくり方**　学級担任から趣旨を説明したうえで，立候補でメンバーを募る。

エクササイズを使ってみよう

「スゴロクトーキング」「10年後の私」

中3　4月（信頼・仲間）

中3 4月（キャリア）

進路決定に向けて見通しをもつ

| Keyword | 最上級生の自覚 | 1年間の見通し | 保護者との情報共有 |

これだけは押さえよう！

- 最上級生としての自覚をもつ。
- 主体的に進路選択・決定を進めるための手順と見通しを具体的に考えさせる。
- 今後の進路選択・決定に向けて「わかっていること」と「知りたいこと」を区別させる。
- 現段階での進路希望を書かせ，保護者との話し合いを促進するための資料とする。

最上級生の自覚

3年生になっての決意の作文

基本的生活習慣	1	時間を守り，遅刻しないように登校している。	YES	NO
	2	友達や先生に大きな声であいさつをしている。	YES	NO
	3	正しい言葉遣いを心がけている。	YES	NO
	4	服装・髪型など中学生らしさを守っている。	YES	NO
	5	交通マナーに気をつけて，登下校している。	YES	NO
	6	係の仕事や掃除に自主的に取り組んでいる。	YES	NO
学習	7	授業に集中できている。	YES	NO
	8	授業に必要なものが準備できている。	YES	NO
	9	予習・復習をしている。	YES	NO
	10	家庭学習の習慣がついている。	YES	NO
	11	わからないところは先生に質問している。	YES	NO
積極的な生き方	12	友達と協力して活動している。	YES	NO
	13	学級活動や学校行事には積極的に参加している。	YES	NO
	14	目標をもち，計画的に活動している。	YES	NO
	15	読書する習慣がついている。	YES	NO
	16	友達を大切にしている。	YES	NO
	17	小さな善行を心がけている。	YES	NO
	18	奉仕活動やボランティア活動に関心をもっている。	YES	NO
	19	社会の出来事に関心をもっている。	YES	NO
	20	将来の目標をもっている。	YES	NO
進路	21	進路のことについて，友達と話をしている。	YES	NO
	22	進路のことについて，保護者と話をしている。	YES	NO
	23	目標にしている進路先（学校や職業）がある。	YES	NO
	24	進路のことについて，悩みがある。	YES	NO

【やり方】
① 「進路実現に向けて自分自身を振り返ってみよう」と，左のワークシートを配り，基本的生活習慣・学習・積極的な生き方・進路の4観点について自分でチェックする。
② チェックしたものを踏まえて，決意の作文を書く。

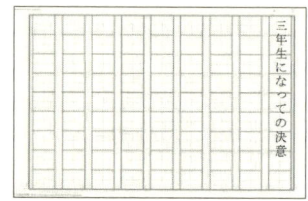

【作文の内容例】
- これまでの学習や生活の振り返り。
- 最上級生として後輩たちに示していきたいこと。
- 進路決定に向けて具体的に取り組みたいこと。
- この学級をどのような学級にしたいかということ。

進路決定に向けての見通し

私の進路計画

A 進路選びの4つのポイント
① 進路を決定するにあたって,「現在の考えやわかっていること」を記入する。
② 「課題やこれから知りたいこと」を記入する。
③ 保護者との面談の資料とする。

A 私の進路計画〜進路選びの4つのポイント〜

3年　組　番　名前（　　　　　）

★左欄に「いまの考えやわかっていること」,右欄に「課題や知りたいこと」を書こう。

チェック1　自分の興味・関心や得意なこと
いま,わかっていること	自分の課題と思うこと

チェック2　将来の生き方や就いてみたい職業の希望
いまの考え	希望実現のための課題

チェック3　学校卒業後の進路希望
いまの考え	希望実現のための課題

チェック4　進路についての情報
いま,わかっていること	これから知りたいこと

自分の進路選びで大切にしたいことをまとめよう

B 私の進路計画〜進路希望〜

3年　組　番　名前（　　　　　）

1 希望進路	将来の生き方や就いてみたい職業の希望 （その生き方や職業を選んだ理由として,あてはまるものの番号に○をつけよう） 1 やりがいがある　2 自分に適している　3 世の中に貢献できる　4 収入が多い 5 人気がある　6 楽しそうだ　7 その他（　　　）
2 中学校卒業後の希望進路コース	①の職業に就くための中学校卒業後の希望進路コースに○をつけよう。 就職（職業訓練校）　　高等専門学校→就職 高校（専修学校）→就職　高校→大学（短大）→就職 高校（専修学校）→専門学校→就職　その他（　　　） （そのコースを選んだ理由として,あてはまるものの番号に○をつけよう） 1 知識が必要　2 技術が必要　3 資格が必要　4 楽しそうだ 5 長く学校生活をしたい　6 就職したくない　7 友人が多いほうが仕事に役立つ 8 その他（　　　）
3 希望実現のための取り組み	希望を実現させるために,取り組みたいことを書こう。 （生活面）　　　　　　（学習面）
4 相談したいこと	
5 保護者の意見	

B 進路希望
① 将来の生き方や就いてみたい職業の希望を書き,選んだ理由としてあてはまるものに○をつける。
② 希望する職業に就くための中学校卒業後の進路コースを選び,理由としてあてはまるものに○をつける。
③ 希望を実現させるために,取り組みたいことを書く。
④ 面談のときに相談したいことを書く。
⑤ 保護者の意見を記入してもらう。
⑥ 面談の資料とする。

成功の秘訣

- **個別面談**　P128のワークシートで,「24　進路のことについて悩みがある」にYESと答えている生徒がいたら,短時間でも個別面談の時間を取り,どんな悩みがあるか聞き取る。
- **不登校生徒の進路**　不登校や不登校傾向の生徒の保護者には,特にタイムリーに情報を伝達するように気をつける。子ども同様に受験期の保護者にも不安や心配な気持ちがある。学校から見捨てられていると感じさせないようにきめ細かく連絡をとる。

中3 6月（環境・約束）

言語環境を整える

Keyword | 正しい言葉遣い | 場に応じて | 言語・非言語

これだけは押さえよう！

- 進路説明会が始まり，高校進学が現実のものになってくる時期である。日ごろの言語活動を振り返り，場に応じての言葉遣いや服装・態度などの見直しをさせていく。
- 目上の人との接し方のスキルを学ばせる。

言語・非言語のスキル

言語は日ごろの習慣：社会に出るための練習

☆日ごろから，敬語を使うことを心がけ，下級生・同級生・上級生を問わず言葉遣いを意識する。
☆自分たちでチェックリストを作って自分たちで気をつける取り組みを行う。

- □ 「おはようございます」「さようなら」「こんにちは」「ありがとうございます」「失礼します」「～をお願いします」
- □ 返事は大きな声で「はい」
- □ 職員室に入るときは，自分の名前を名のり，「～先生をお願いします」
- □ 進路説明会で出会う高校の先生には「よろしくお願いします」

非言語はすぐには身につかない

☆言語習慣は直せるが，非言語はすぐには身につかない。日ごろから意識して取り組む。

1 目 線
落ち着いたまなざし。
話すときは相手の目を見る。

2 うなずき
相手の話に合わせてうなずく。

3 姿 勢
積極的に聴いている姿勢。

4 顔の表情
話の内容によって，喜怒哀楽を表す。

5 距 離
相手との距離を近すぎず遠すぎず。

6 服 装
清潔な服装で，身だしなみに気をつける。

7 挨 拶
挨拶をするときに会釈をきちんとする。

〈非言語メッセージ〉
心理学者アルバート・メラビアンの著書「Silent messages」(1971)における調査によると，人が他者から受ける情報は，言葉による意志伝達は3割ぐらい，残りの7割は非言語コミュニケーションと言われている。

服装のルール

服装のチェックシートを自分たちで作成することで，日ごろの服装や身だしなみへの意識を高める。シートは今後のさまざまな取り組みにも活用していく。

シートを作成しよう！

1 服装に関して気をつけたいことを班で考える。
2 男子・女子それぞれに分けてシートに書く。
3 男女に共通する身だしなみを考える。
4 各班の主要項目を出し合い，学級でシートを完成する。
5 シートが出来上がったら，班内でお互いの服装や身だしなみを見合って，項目についてチェックし合う。

服装チェックシート

男子

女子

男女に共通する身だしなみを考えよう

成功の秘訣

- **チェックシート** 教室に掲示をしたり進路便りに載せたりする。チェックシートができたら，個人用に作成して，さらにいつまでに何をどうするかの目標を書く。
- **活用** 進路説明会や面接練習，卒業式など重要な行事の服装や言葉づかいについて，学級でチェックシートを活用する。

エクササイズを使ってみよう

「相手が話しやすい態度とは？」「ノンバーバルコミュニケーション」「ピアカウンセリング」

中3 6月（環境・約束）

中3　6月（信頼・仲間）

みんなで学力アップ

Keyword　ペア学習　団体戦　進路意識の高揚

これだけは押さえよう！

・お互いのよいところを認め合うことで，自己肯定感を高める。安心して学級で生活ができ，勉強や進路に向かって前向きに意欲的に取り組める雰囲気をつくる。
・進路実現は個人戦ではなく団体戦であることを意識できるようにする。
・互いの進路について相談でき，肯定的に受け止め合える人間関係づくりを行う。
・仲間とかかわり合いながら，共に向上していける工夫をする。

ペア学習の活用

勉友（べんゆう）

定期テストや，受験勉強がなかなか進まないときは，2人組で計画を立ててみる

期末テストに向けて勉友と二人三脚で学習を進めよう

期末テストまであと2週間，1人ではなかなか進まない勉強も
仲間と競い合ったり，一緒に目標を決めてやればもっとがんばれるかも
2人で相談して毎日の家庭学習の目標を立てて実行してみよう

名前（　　　　　　　　）
勉友（　　　　　　　　）

〈誓い〉
例）毎日自主学習ノートを1ページ必ず提出する。
_____
_____

〈1週間の学習計画〉とりあえず1週間がんばってみよう

日時	学習内容	確認
6月10日（月）		
6月11日（火）		
6月12日（水）		
6月13日（木）		
6月14日（金）		

【やり方】
① 定期テストの1週間～2週間前の学活で取り組む。
② 勉友（隣の席との2人組など）を決めてシートに名前を書き込む。
③ 勉友と話し合い，テストに向けての誓いを立てる。
④ それぞれに，勉友と立てた誓いを守るための学習計画を立てる（シートに学習内容を具体的に書き込む）。
⑤ 毎日の朝学活で計画どおりできているかを勉友と確認し，実行できた場合はシートの確認欄に勉友のサインやコメントを書き入れる。
⑥ お互いに励まし合いながら学習を進める。

○○さんと約束したから，今日は○時間はがんばろう!!

進路実現は個人戦ではなく団体戦

全員の進路実現のために

【ねらい】
全員の進路が実現するように，みんなで支え合いながら団結して学習に取り組む方法を考える。

【準備物】
付箋紙（個人用），付箋紙を貼る画用紙（班の数），ワークシート（班の数）

【やり方】
① 付箋紙と画用紙を各班に配る。
② 全員の進路が実現するために学級としてできることの案を各自で考え，付箋紙に書く。付箋紙1枚に1つ書くようにして，できるだけ多くの案を出す。
③ 付箋紙に書いたものを出し合い，各班のベストアイデアを1つ決める。
　効果的な学習方法，学級文庫で入試対策，授業を大切にするクラス，など
④ 各班にワークシートを配り，班で選んだアイデアの具体的な取り組み方法を話し合う。
⑤ 各班で考えたアイデアを集めて，これからの取り組みとする。

例

全員の進路実現のために
　（　　　）班のアイデア

（題）　みんなで学力アップ

・（いつ）テスト発表2週間前〜テストまで
・（だれが）教科グループで分担
・（何を）テスト予想問題作成
・（どういう方法で）
　終学活で解き合う
　大事なところは「これだけは覚えようコーナー」に掲示する（簡単な覚え方のコツなども紹介）

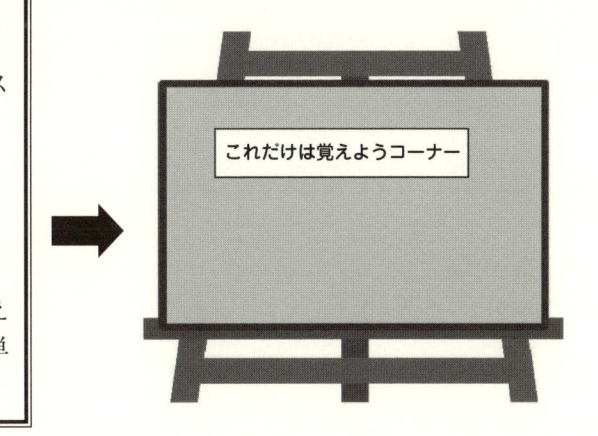

→ これだけは覚えようコーナー

成功の秘訣

☐ **教師の役割**　レベルに応じた学習プリントの束を教室に準備し，誰もが取り組めるようにしておく。
☐ **雰囲気づくり**　みんなで勉強すると「楽しい」という思いになるように，常に肯定的な評価を教師がフィードバックしていく。

中3　6月（キャリア）

パソコンを使って，自分のことを知る

| Keyword | ICT機器の活用 | エゴグラム | 自己分析 |

これだけは押さえよう！

・生徒は日ごろから情報端末を駆使して，大量の情報のなかで生活している。その情報をどのように安全に利用し，自分の生活に生かしていくかについても指導する。
・エゴグラムを使って自分の心の癖を知ることで，「なりたい自分」になるために，どのようにすればいいのかを考えるきっかけにする。

自己分析テストの活用

エゴグラムとは

　エゴグラムは，アメリカの心理学者であるJ・M・デュッセイ（J.M.Dusay）が開発した自己分析テストである。個人によって異なる心のエネルギーの表れ方（自我状態）を，グラフにして視覚的に示すことによって，自我状態のバランスや特徴をつかもうとするものである。

　このエゴグラムを子ども（中高生）向けにわかりやすくしたものが，動物エゴグラムである。50問の質問を中高生にわかりやすい言葉で表現し，人の5つの心の側面を動物のキャラクターで表している。

ＣＰ：controlling parent
　　　厳格な親の心　→　ライオン
ＮＰ：nurturing parent
　　　保護的な親の心　→　コアラ
Ａ　：adult ego state
　　　「大人」の心　→　サル
ＦＣ：free child
　　　自由な子どもの心　→　ネコ
ＡＣ：adapted child
　　　従順な子どもの心　→　モルモット

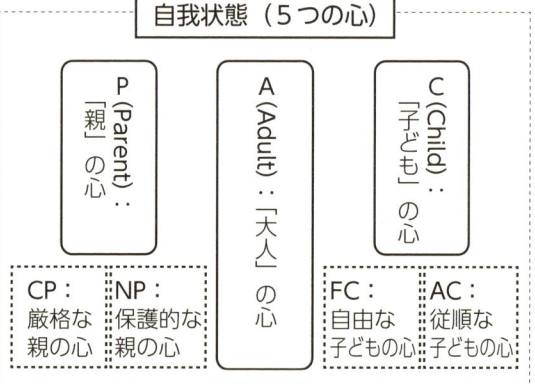

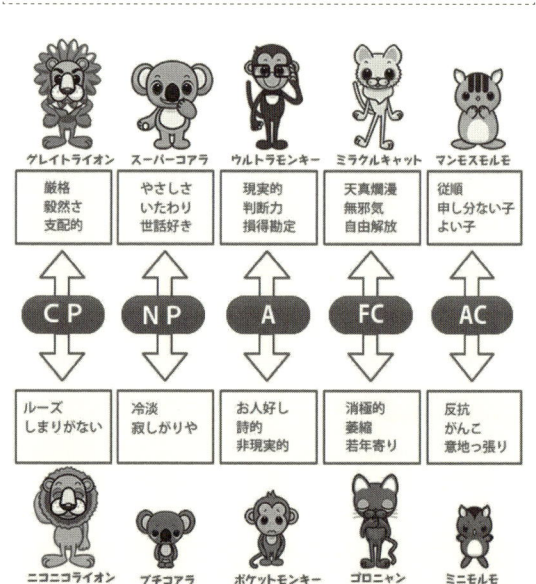

自我状態（5つの心）

P（Parent）：「親」の心
　CP：厳格な親の心
　NP：保護的な親の心

A（Adult）：「大人」の心

C（Child）：「子ども」の心
　FC：自由な子どもの心
　AC：従順な子どもの心

グレイトライオン	スーパーコアラ	ウルトラモンキー	ミラクルキャット	マンモスモルモ
厳格 毅然さ 支配的	やさしさ いたわり 世話好き	現実的 判断力 損得勘定	天真爛漫 無邪気 自由解放	従順 申し分ない子 よい子
CP	NP	A	FC	AC
ルーズ しまりがない	冷淡 寂しがりや	お人好し 詩的 非現実的	消極的 萎縮 若年寄り	反抗 がんこ 意地っ張り
ニコニコライオン	プチコアラ	ポケットモンキー	ゴロニャン	ミニモルモ

やってみよう！ 動物エゴグラム

【導入の例】
　他人と過去は変えられません。しかし，自分と未来は変えられます。自分の心の癖を知って行動することは，ただ単に人間関係をスムーズにするだけでなく，自分の未来も変えられるのです。
　今日はパソコンを使って，エゴグラムという方法で，自分の性格の特徴と行動パターンをつかんでみましょう！

【やり方】
① 開始画面からスタートして，50の質問項目に答える。
② 診断結果のグラフと説明を見る。
③ 診断結果のグラフを操作して，「なりたい自分のエゴグラム」のグラフを作る。「なりたい自分のエゴグラム」に近づくために，低い部分を高めるコツを読む。
④ ペアやグループで，いまの自分の状態となりたい自分について交流する。

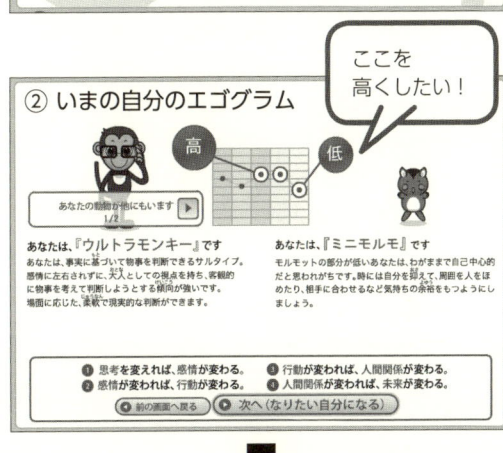

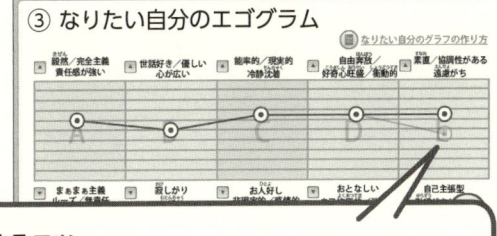

低い部分を高めるコツ
モルモットの部分が低いあなたは，わがままで自己中心的だと思われがちです。時には自分を抑えて，周囲の人をほめたり，相手に合わせるなど気持ちの余裕をもつようにしましょう。

ただし，高すぎる場合……
モルモットの部分が高すぎる人は，あれこれ心配してストレスを抱えがち。考えすぎず，思い切って行動することで自信をつけていこう！

成功の秘訣

- □ **教師の事前チェック**　生徒に診断させる前に，教師自らがPCを使って，やり方を確認しておく。
- □ **ICT機器の準備**　パソコンを使って楽しみながら自己分析できるように，環境を整える。

参考文献：ニフティ株式会社（2009）「動物エゴグラム―エゴグラムでわかる性格の特徴と行動パターン―」http://www.nifty.co.jp/csr/edu/eg/ （2013年12月9日取得）

中3 夏休み前（環境・約束）

理想のリーダーとメンバーをめざす

Keyword | 真の協力とは | さりげないフォロー | プラスの声がけ

これだけは押さえよう！

- 中学3年生が，体育祭などの全校的な行事において，リーダーとしての役割が求められる。しかし，リーダーが1人でがんばっても行事を成功に導くことはできない。リーダーの責任を果たすためには，メンバーの協力が必要である。
- 学校のよき伝統を引き継ぐために，最上級生として後輩の手本となれるリーダーやメンバーのあり方をしっかりと考えさせる。また，互いの役割や立場を思いやれる，良好な人間関係のスキルの向上をめざす。

リーダーの条件・メンバーの条件

体育祭のリーダーの決め方

① 最上級生としてどんな体育祭にしたいかを出し合う。
② そのためのよいリーダー・メンバーの条件を出し合う。
③ サブリーダーの役割を知る。
　リーダーとメンバーの間を取りもつのがサブリーダーの役目であり，リーダーのフォローを行う。
④ リーダーとして選出された人が，メンバーの前で体育祭に向けての意気込みを語る。

☆よいリーダーの条件とは？

- 頼りになる。
- メンバーが納得するような決め方をする。
- メンバーに適切なアドバイスができる。
- メンバー全員に公平に接する。
- メンバー全員の意見を聞く。
- がんばっているメンバーを認めて声をかける。
　　　　　　　　　　　　　　　　　　　など

☆よいメンバーの条件とは？

- 積極的に行動する。
- リーダーの考えをよく理解して行動する。
- 与えられた役割をしっかりと果たす。
- 困っているメンバーを助ける。
- いざというときに頼りになる。
- リーダーが困ったときには，相談にのる。
- 他のメンバーと協力して活動する。
- 話し合いでは自分の意見をきちんと言う。
　　　　　　　　　　　　　　　　　　　など

ピンチをチャンスに！

行事の前に

【ねらい】
体育祭の取り組みのなかで起こりうるトラブルについて，それぞれの立場に立って考える。

【やり方】
① 自分だったらそれぞれの立場でどのように言うか（言っているか）を書く。
② 班で交流する。
③ 解決のためにはそれぞれの立場でどうするかを考える。
④ 班で意見交流する。

こんな場合にどうする？

次のようなときに自分ならどうするかを，「リーダー」「サブリーダー」「メンバー」のそれぞれの立場で考えてみましょう。

場面①
体育祭の早朝練習にいつも遅れてくる2年生のメンバーがいる。どうしますか。

場面②
むかで競争の練習をするとき，運動が苦手でうまくできないメンバーがいる。どうしますか。

場面①	場面②
[リーダー]	[リーダー]
[サブリーダー]	[サブリーダー]
[メンバー]	[メンバー]

行事の後で

① 体育祭の学年縦割りで同じ組になった後輩に，感謝や励ましのメッセージを書く。
② みんなに見えるように，教室や廊下などに掲示する。

メッセージの掲示例

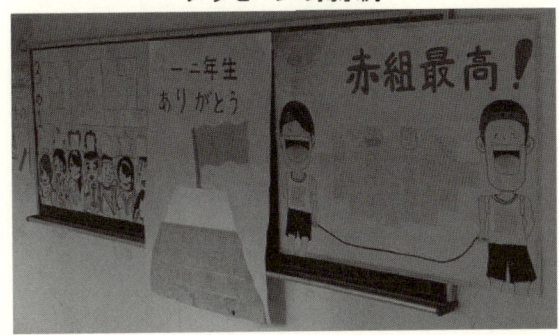

成功の秘訣

□ **仲間意識** リーダーとメンバーは，役割は違っていても，目的を達成するために協力する仲間であるという意識をもたせる。班長・班員の関係も同様である。

参考文献：品田笑子（2008）「リーダーシップをとってアイデアを出す」「班や係のリーダーに積極的に協力する」河村茂雄・品田笑子・小野寺正己編著『学級ソーシャルスキル　中学校』図書文化　pp.200-203

中3　夏休み前（環境・約束）

中3 夏休み前（信頼・仲間）

仲間のすごさに気づける自分

Keyword　みんなってすごい！　自分ってすごい！　互いに成長

これだけは押さえよう！

- 小さなことやあたりまえのことであっても，できていることに目を向け合い，それを互いに伝え合うことで，中学校に入学してからこれまでの成長を一人一人が確認できるようにする。
- 仲間の成長やがんばっている姿に，「すごいね！」「がんばっているね！」と素直にエールをおくり合える関係を育てる。

みんなってすごい！，自分ってすごい！

○からの発想

黒板に○を書いた例

【ねらい】
ほかの人のすごさに気づき，「すごい」と思える自分もすごいのだということに気づく。

【やり方】
① 黒板に○をランダムにたくさん書く。
② ○が何に見えるかを思いつくかぎり紙に書く（2分間程度）。
③ いくつ書いたか，数を聞く。
④ いちばん多く書いた生徒から順番に発表してもらう。自分と同じものがあったら線で消していくように指示する。最後まで残った生徒にも発表してもらう。
⑤ たくさん思いついた人や，ほかの人が思いつかなかった発想をした人に対して，生徒から賞賛や感嘆の声が出れば，その瞬間に「すごい！　と言えたあなたはすごい！」とほめる。「仲間のすごさに，素直に『すごい！』と思える，言える。これはあなたのすごさです」と伝える。
⑥ 「○からの発想」の体験から，日々の学級生活で，仲間のことをすごいと思える瞬間を見つける活動につなげる。

＊黒板に○を書かずに，プレゼンテーションソフトや教材提示装置で示してもよい。
＊「光るもの」「丸いもの」などの課題を示してもよい。

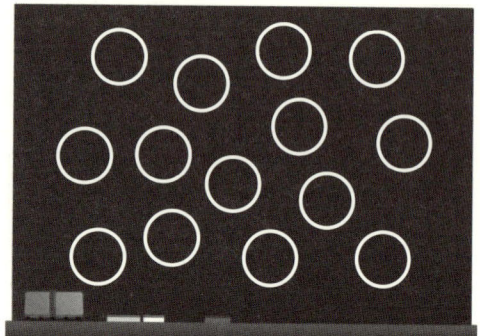

仲間の「すごい！」を見つけよう

「すごい！」の花を咲かせよう

【ねらい】
自分では「たいしたことない」と思っているようなことのなかにも、その人のよいところがたくさんある。仲間からそれを見つけてもらうことで、また、自分が仲間のよいところを見つけることで、肯定的な見方を広げる。

【準備物】
・木の絵（教室の後ろの掲示板に貼っておく）
・花びら形に切った色画用紙のカード
・カードを入れる箱

【やり方】
① 期間を決めて、仲間の「すごい」を見つけて、それを花びら形に切ったカードに書く。
② 書いたものは、教師が用意した箱に入れていく。
③ 毎日の終学活で、日直がカードを読み上げる。
④ その日のカードを放課後に掲示板に飾っていく。

特別支援の観点から

書くことが苦手な生徒への配慮
● カードなどに書く活動では、話型を示すと取り組みやすくなる。
例：○○さんが、○○の時、○○していた

成功の秘訣

□ **成長の瞬間** 仲間のよいところを見つけて「すごい！」と思った瞬間に、自分も成長することを伝える。

参考文献：鹿嶋真弓（2008）「友達のいいところに気づき『すごいね』と言う」河村茂雄・品田笑子・小野寺正己編著『学級ソーシャルスキル 中学校』図書文化 pp.152-155

中3 夏休み前（信頼・仲間）

中3 夏休み前（キャリア）

上級学校を知る
～進路説明会・体験入学～

| Keyword | 上級学校を知る | 聴き方マナー | 夏休みの学習計画 |

これだけは押さえよう！

・学校説明会や体験入学の機会を利用して，自分の興味・関心のある上級学校の説明を受けたり見学したりすることで，上級学校の魅力や自分の適性を具体的に考えさせる。
・夏休みを，中学1・2年生時の学習の振り返りや実力養成のチャンスととらえ，学習計画を立てる。

上級学校調べ

情報をまとめよう

① 学校説明会や体験入学などで得た上級学校の情報をワークシートにまとめる。
② 学級内で情報交換会をする。
③ 入手した高校のパンフレットなどは，教室の後ろに展示する。

ワークシート例

学校名				
学校所在地		説明会（訪問）日		
交通機関	バス・電車・自転車・徒歩	所要時間		
学校について	国立・公立・私立	全日制・定時制・多部制・通信制	普通科・専門学科	
学科名		定員数		
教育方針				
学校の特色				
主な部活動				
卒業生の進路先				
感想				

夏休みの学習計画を立てる

三者面談に向けて

計画表の例A　　学習の予定を達成できたら蛍光ペンで枠を塗る。

月／日／曜	登校予定	国語	社会	数学	理科	英語	宿題
8／1／金	部活動	文法まとめ	地理復習			1年内容	
8／2／土		↓	↓		一分野	↓	読書感想文
8／3／日		↓	↓	方程式	↓	↓	
8／4／月	学習教室	古文問題	↓	比例	↓	↓	
8／5／火	学習教室	過去問題	歴史復習	反比例	↓	過去問題	

計画表の例B

	この夏の目標と決意								
7月第4週		8月第1週		8月第2週		8月第3週		8月第4週	
予定	実際	予定	実際	予定	実際	予定	実際	予定	実際
社会 地理	×	理科 2分野	○	英語 1年内容	○				
国語 文法	○	数学 図形	数学 方程式	社会 地理	○				

三者面談
- 作成した学習計画表をもとに三者面談を行う。
- 長期休業を有効に活用できるようにアドバイスをする。
- 的確な進路情報を伝え，最終的に生徒が自己決定できるようにする。
- 生徒も保護者も進路を目の前にして不安が増し，言葉に敏感になっている。否定の言葉がけでやる気をそぐのではなく，「どのように取り組めば，希望が実現できるか一緒に考えよう」というように，生徒が前向きに進路に向き合えるように面談に臨む。

> **子どものやる気をなくす進路面談NGワード**
> 「これでは無理だね」「このままでは，どこの高校にも進学できないよ」「あんな（こんな）学校に行くの」「こんな態度では受からないよ」「あと何点取れなかったら，落ちるよ」

成功の秘訣

- ☐ **情報交換会**　学校説明会や体験入学などで得た情報を，学級にも伝えるという役割を設定することで，漠然と話を聴くのではなく，積極的な聴き取りができ，他者の役に立つという有用感も得られる。
- ☐ **人材**　自校の卒業生などの人材を生かして，学校情報を聴き取ることもできる。

参考文献：文部科学省（2008）『中学校学習指導要領解説　特別活動編』ぎょうせい

中3　9月（環境・約束）

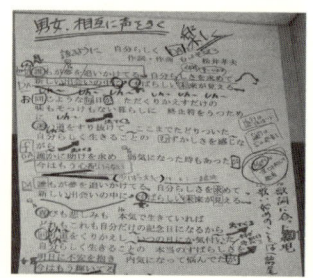

感動的な時間を過ごす

Keyword　感動体験　支え合う仲間　リーダー&フォロワー

これだけは押さえよう！

- 中学校生活最後の行事（ここでは合唱コンクール）に，生徒たちはこれまでにない大きな期待とやる気をもって臨む。それぞれの子どもが自分の役割を精一杯果たし，仲間と支え合うことができるように，協力し合える環境を整える。
- 一人一人の輝く姿を励まし，ほめたたえ，集団で取り組む活動の意義や喜びを実感させる。

感動する行事にするために

最後の行事の意義をしっかりとらえる

クラスみんなで感動し，達成感・満足感を味わう。そしてなによりも，歌うことの楽しさを体感し，学級がひとつになる瞬間をつくりあげる。

　　計画　▶　練習　▶　本番

最初にすること
- ☐ 合唱コンクールの意義の確認
- ☐ 学級の目標決め
- ☐ 曲決め
- ☐ 指揮者・伴奏者の選出
- ☐ パート決め
- ☐ パートリーダー決め
- ☐ 練習方法の確認

具体的な取り組み
- ☐ 歌詞を書いて教室に貼る。
- ☐ 具体的な練習計画を立てる……○日までに○○回歌う。
- ☐ パートごとの練習場所や時間も計画する。
- ☐ ビデオで撮影しながら，もっと練習するところを確認していく。
- ☐ 正しい姿勢を確認する。
- ☐ 口の開け方・歌詞ははっきりと歌えているかを確認する。

練習の仕方
- ☐ 歌詞の意味を考える。
- ☐ 歌詞を教室に掲示して覚える。
- ☐ 歌詞のテストをする。
- ☐ パート練習を入れる。

練習のポイント
- ☐ 曲をよく聞き，メロディーを知る。
- ☐ 出だしをしっかり練習する。
- ☐ お互いに聞き合う。

成功の鍵を探す

1. ①〜④の「こんな場面」ではどうするかを，班で考えてみる。
2. ①〜④で出た内容を全体でシェアリングする。
3. 成功にむけて，「学級の技」を考える→具体的にどんなことに取り組んだらいいか。
4. 成功させるために何に気をつけていけばいいか，「成功の鍵」を考える。
5. 成功の鍵は教室に掲示するなど，学級で共有する工夫をする。

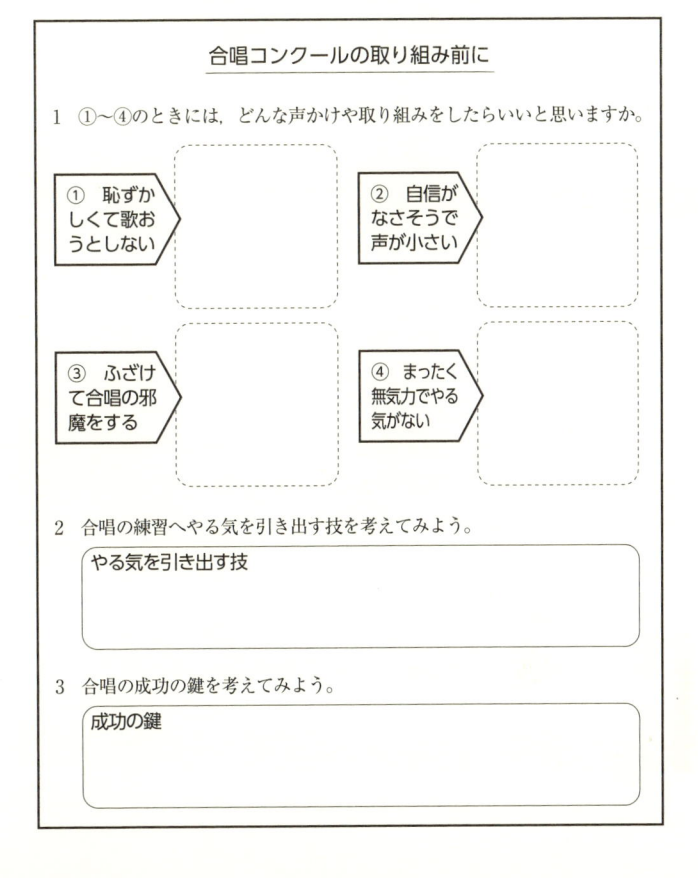

合唱コンクールの取り組み前に

1　①〜④のときには，どんな声かけや取り組みをしたらいいと思いますか。

① 恥ずかしくて歌おうとしない

② 自信がなさそうで声が小さい

③ ふざけて合唱の邪魔をする

④ まったく無気力でやる気がない

2　合唱の練習へやる気を引き出す技を考えてみよう。
やる気を引き出す技

3　合唱の成功の鍵を考えてみよう。
成功の鍵

本番に向けて

・服装がきちんとできているか（➡P131 服装チェックシート参照）
　⇒全員が話し合って服装やソックスを統一する
・並ぶ順番は大丈夫か
・指揮者とのタイミング
・本番の朝の声出し
・本番前に指揮者からメッセージをみんなに伝える

> 歌声に合わせて，服装やマナーにも一体感をもたせよう。行事のTPOを考えよう。

合唱が終わったあとに

合唱後には，必ず振り返りをする。それぞれの活躍・地道ながんばりと，なにより全員で一致団結して取り組んだことなど，感想を言い合う。

成功の秘訣

☐ **練習について**　初めから生徒に任せきりにしない。ほめる・盛り上げる・指導するなどを繰り返しながら学級の状態をみて，仕上がってきたら黙って見守る。
☐ **本番に向けて**　到達目標のカレンダーを作る。
☐ **一緒に楽しむ**　兄弟学級をつくって，他学年との交流合唱をすることもできる。

参考文献：「合唱コンクールでクラスを一つにする」『中学教育2005年9月』小学館

中3　9月（信頼・仲間）

大切な1冊～ビブリオバトル～

| Keyword | 他者の価値観にふれる | 自信をもって語る | 大切な1冊 |

これだけは押さえよう！

- 中学校最後の行事を通して自分や仲間の存在をより強く感じ，学級の一体感が高まっていく時期である。
- 本の紹介という形を通して，自分の興味関心を仲間に語る体験をもたせる。多様な価値観にふれる体験を通じて，仲間との距離を縮めていけるようにする。

本を通じて自分を語る

ビブリオバトルとは

- 誰でも（小学生から大人まで）開催できる，本の紹介コミュニケーションゲームである。
- 立命館大学の谷口忠大准教授が2007年に考案したもので「知的書評合戦」とも呼ばれ，「人を通して本を知る，本を通して人を知る」として，全国に広がっている。

【ねらい】
お気に入りの1冊をほかの人に紹介し，またほかの人のお気に入りの1冊を聞き合うことを通して，他者の価値観にふれ，コミュニケーション力の向上を図る。

【時間・場所】
特活の時間・教室など

【期待される効果】
- 自信をもって語れる。
- 自分の知らないことを仲間から教えてもらえる。
- 自分では選ばなかったかもしれない本と出合える。
- 仲間が自分の話を一生懸命聞いてくれる体験ができる。

【やり方】
各班（5人前後）で公式ルールにのっとって行う。

ビブリオバトルをやってみよう

【公式ルール】
① 発表参加者が読んで面白いと思った本を持って集まる。
② 順番に1人5分間で本を紹介する。
③ それぞれの発表の後に参加者全員でその発表に関するディスカッションを2〜3分行う。
④ すべての発表が終了した後に，「どの本がいちばん読みたくなったか？」を基準とした投票を，参加者全員一票で行い，最多票を集めたものを「チャンプ本」とする。

ルールの補足（抜粋）
・5分が過ぎた時点でタイムアップとし発表を終了する。
・発表内容のあげ足をとったり，批判したりするようなことはせず，発表内容でわからなかった点の追加説明や，「どの本をいちばん読みたくなったか？」の判断を後でするための材料をきく。

【発展形としての活動】
・上記の活動で班代表を決定し，各班代表発表者による「ビブリオバトル」を開催してもよい。
・本の紹介カードや紹介された本を読んでの感想カードなどを，教室に掲示しておくのもよい。
・各教科でもテーマ設定次第で応用ができる。
　例：百人一首，植物，星座，戦国武将など

大切な1冊　ワークシート	
発表者の名前	紹介本の題名

スピーチメモ
（おススメの理由，この本のどんなところが好きか，あらすじ，登場人物について，おもしろいページの紹介，どういう人におススメか，その他興味深いことなど）

この活動を通して感じたことや気づいたこと

中3　9月（信頼・仲間）

成功の秘訣

☐ **教師も体験**　まずは教師同士で体験してビブリオバトルの面白さを共有し，ゲーム感覚で楽しく行うことがポイント。

☐ **開催の予告**　夏休み前に，2学期にお勧めの本の紹介をし合うことを生徒に伝えておく。

☐ **本音で語る場の設定**　できるだけ生徒同士で話し合ったり聞き合ったりする場を多く設けるようにする。

参考文献：ビブリオバトル普及委員会（2013）知的書評合戦ビブリオバトル公式ウェブサイト　http://www.bibliobattle.jp/（2013年12月9日取得），谷口忠大『ビブリオバトル』文春新書

中3　9月（キャリア）

未来通知票

Keyword　めざす姿　行動化　面談

これだけは押さえよう！

- 3年生の2学期を充実した時間として過ごせるように，2学期末に自分がめざしたい姿について未来通知票という形で目標を立てる。
- 行事への取り組みなど具体的な行動を通して，自分たちのめざす姿をイメージさせる。

なりたい姿をイメージする

学級未来通知票

【やり方】
班や学級で話し合い，学級としてめざしたい姿や目標を数値化して表す。

学級未来通知票

項目	学級がめざす姿	予想成績	目標達成をめざして私がする学級貢献
学習	・自主学習ノートの提出率100%をめざす。	4	自主学習ノートは必ず提出する。
行事1（体育祭）	・学級対抗リレーで2位以内になる。	5	学級対抗リレーのときには，大きな声で応援する。
行事2（合唱コンクール）	・最優秀賞をとる。	3	合唱コンクールの歌の歌詞を覚えるように，模造紙に書いて教室の後ろに掲示する。
掃除	・週に1回は窓ガラスも拭く。	5	ガラス拭き用の雑巾を持ってくる。
係活動	・伝達事項は必ず掲示板に記入する。	5	忘れないように，声がけする。

個人未来通知票

【やり方】
① 通知票を回収する前に，2学期の目標を鉛筆で記入させる。

学習の記録	教科視点学期	国語 関心・意欲・態度	話す・聞く能力	書く能力	読む能力	言語	社会 関心・意欲・態度	社会的な思考・判断・表現	資料活用の技能	知識・理解	数学 関心・意欲・態度	数学的な見方や思考	数学的な技能	知識・理解	理科 関心・意欲・態度	科学的な思考・表現	観察・実験の技能	知識・理解	音楽 関心・意欲・態度	音楽表現の創意工夫	音楽表現の技能	鑑賞の能力	美術 関心・意欲・態度	発想や構想の能力	創造的な技能	鑑賞の能力	保健体育 関心・意欲・態度	思考・判断	運動の技能	知識・理解	技術・家庭 関心・意欲・態度	生活を工夫し創造する能力	生活の技能	知識・理解	外国語 英語 関心・意欲・態度	表現の能力	理解の能力	知識・理解
	1 評価																																					
	評定	4					3				2				4				5				3				4				5				2			
	2 評価																																					
	評定	4					4				3				5				3				3				5				5				3			
	3 評価																																					
	評定																																					

> 自分のめざす段階を鉛筆で5段階評定（数値）で記入する。

② 自分がめざす評価になるために，どのような取り組みをするか考えて，具体的行動レベルで書く。

個人未来通知票～2学期末にめざす姿～

	国語	社会	数学	理科	英語
予想評価					
取り組み					

	音楽	美術	保健体育	技術・家庭
予想評価				
取り組み				

3分間面談

個別面談の時間を取り，個人未来通知票や学級未来通知票をもとに，中学3年生の2学期の過ごし方を生徒と確認する。

成功の秘訣

□ **主体的活動** 自分たちで話し合って，何の項目について，どういう姿をめざすか決める。さらに，自分が学級のなかでどういう貢献ができるか具体的に考える。

□ **ピグマリオン効果** 生徒が通知票に鉛筆書きした評価を写して，各教科担当に知らせる。
▶▶▶ピグマリオン効果とは，米国の教育心理学者ローゼンタール（Rosenthal, R.）によって提唱された「人間は期待されたとおりの成果を出す傾向がある」という主張。「やる気のある生徒」という目で期待をかけてもらえるようにする。

中3 冬休み前（環境・約束）

面接のためのロールプレイ
～お互いに練習し合う～

Keyword | ロールプレイ | みんなで | 進路に向かう気持ち

これだけは押さえよう！

- 冬休みに入る前に面接練習をする。細かいところまで練習しておく。
- 進路は団体戦。みんなで進路に向かう気持ちになるために，学級で面接練習を行う。
- 面接練習を繰り返し，自信をつける。

気持ちはひとつで向かう進路

【ねらい】
面接練習は，自分たちで考え，自分たちで計画することで，自分たちで進路に向かってステップアップするためのチャンスとする。ステップ1～4までの段階ごとに予定・練習日などを決め，不得意なところを話し合いながらみんなで面接試験を乗り越える。

【やり方】
- 面接練習を次の1～4の段階に応じて行う。
- 事前に志願理由書（➡P153「志願理由書の書き方」参照）を書き，面接で聞かれそうな内容について，各自でまとめておく。

1 ペアで練習

目的…基本的な事柄のチェック
1. 服装・身だしなみ
2. お辞儀の仕方・座り方・ドアの開閉
3. 受験番号と名前と挨拶の仕方
4. 言葉遣いの癖について

※ペアのつくり方は，席順，班内，出席番号など工夫をする。

お辞儀とイスの座り方のチェックポイント
- ☐ 面接官の方を向き，深々と一礼する。
- ☐ 両足をそろえ，両手を前で重ねる。
- ☐ イスに深く腰掛け，背筋を伸ばして座る。

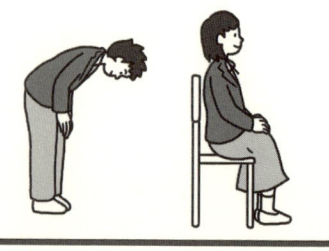

2 班で練習

目的…みんなで進路に向かう気持ちをもつ
1 答え方の練習を班でする。
2 記録者・質問者・観察者それぞれの役割を設けて練習を行い，面接カードに記録する。
3 自信がつくまで繰り返す。
4 面接練習のできる日程を事前に学級担任が伝えておく。
5 自分たちで考えて練習予定を確認し合う。

3 チャレンジ・担任と

目的…1，2で練習したことのチェック
1 班で自信がついたら，「面接申請書」を出し，学級担任に面接練習をしてもらう。
2 自分の不得意なところを中心に見てもらう。
3 学級担任との練習は，本番への最終チェックとする。OKがでたら，面接本番の練習に臨む。

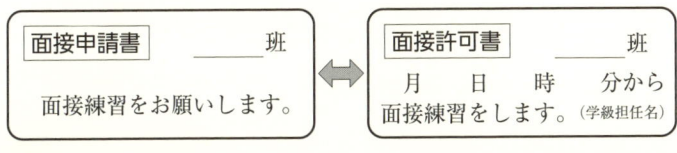

面接申請書 ＿＿＿班	⇔	面接許可書 ＿＿＿班
面接練習をお願いします。		月 日 時 分から面接練習をします。（学級担任名）

4 最終練習

目的…自信をもって本番を迎えるために
・本番どおりの面接を3年団以外の教師・管理職にしてもらう。
・直前の最終練習とし，緊張感をもって行う。

特別支援の観点から

面接練習での配慮
● 基準をはっきりさせて具体的に示す。
● プリントを使って視覚的に示したり，「おじぎは120度」などと数字を使ったりする。
● 「大きな声で」というより，「〜さんに聞こえるように」などの具体的で明確なアドバイスをする。

成功の秘訣

□ **慣れるには** 練習を繰り返すことで面接に慣れてくる。休み時間などにも自主的に練習できるように面接の手びきなどを準備しておく。
□ **緊張感をもって** PTA役員や地域の方などに依頼して，教師以外と模擬面接を行うとよい。

参考文献：曽山和彦編（2013）『気になる子への支援のワザ』教育開発研究所

中3 冬休み前（信頼・仲間）

仲間の力を借りてお悩み解決

Keyword　カードトーク　安心感　仲間意識

これだけは押さえよう！

- 一つ一つの行事を，仲間と共に，ぶつかり合い，切磋琢磨しながらやり遂げてきた2学期のまとめとして，受験を前にしたいまの自分について語り合う。
- 不安や悩みを共有し，悩みを解決するための糸口を仲間からもらうことで，仲間と共にある自分を再認識できるようにする。

カードを使った自己開示

あなたの悩みは私の悩み

【ねらい】
・進路選択や受験について，皆同じような不安や悩みを抱えていることを知る。
・同年代の仲間から解決策を提案してもらうことで，前に進む力を蓄える。

【やり方】
① 名刺大の大きさのカード（厚紙など少し固めのもの）に，お題に沿った悩みを書く（1人3枚程度）。

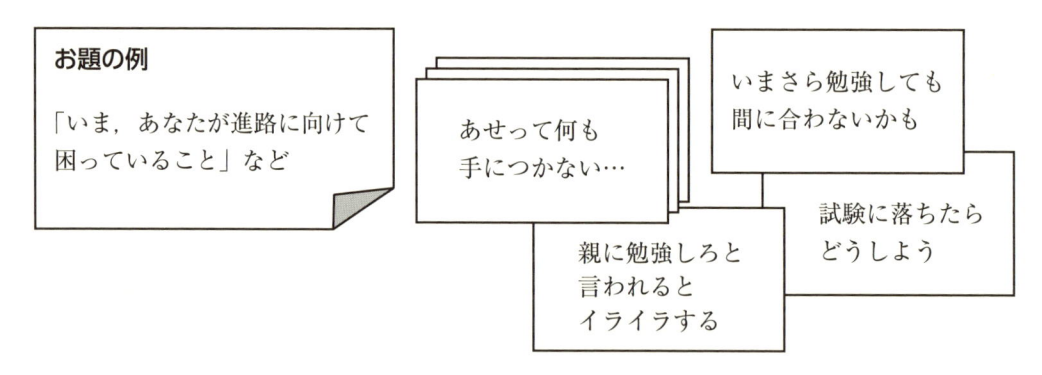

お題の例
「いま，あなたが進路に向けて困っていること」など

- あせって何も手につかない…
- 親に勉強しろと言われるとイライラする
- いまさら勉強しても間に合わないかも
- 試験に落ちたらどうしよう

② 全員が書き終わったら，班机の中央にカードを裏向きに置いてシャッフルし，束にして班机の中央に裏向きに置く。
③ 班で1人ずつ順番にカードを引き，書かれてある悩みを読み上げる。カードを引いた人がそれに対する解決策を考えて答える。カードがなくなるまで続ける。
　※引いたカードが自分が書いたものであれば，カードの束にもどして，新たに上から1枚引く。
④ 感じたことや気づいたことを言い合う。

第3章　学級づくりカレンダー

順番にカードを引き，書かれている悩みの解決策を言う

「あせって何も手につかない…」という悩みについて，私も同じようなときがあるけど，とにかく過去の問題を1日3問ずつやっていくようにしているので，やってみたらどうかなぁ。

なるほど…

それいいね。一緒に答え合わせをしてもいいし…。

あせって何も手につかない……

➡ P99「お悩み相談」参照

特別支援の観点から

話すのが苦手な生徒への配慮
- 解決策を答えることがむずかしいと思われる場合は，全員に1人1枚のお助けカードを配っておく。お助けカードを使うと，一言語った後に，ほかの人に渡せば代わりに答えてもらえるというルールを設ける。

中3　冬休み前（信頼・仲間）

成功の秘訣

□ **教師に余裕があれば**　筆跡によって誰が書いたカードかわかるので，悩みを書く期限を決めてカードを収集箱に入れてもらい，教師がパソコンなどを使って文字を打ち直し，班の数だけカードの束を作って取り組む方法もある。

参考文献：根田真江（1999）「オープン・ザ・なやみ」國分康孝監修『エンカウンターで学級が変わる　中学校編 Part 3』図書文化　pp.130-133

151

中3 冬休み前（キャリア）

未来は変えられる～進路選択決定～

| Keyword | 情報提供 | 答えは自分の中 | なりたい自分 |

これだけは押さえよう！

- 卒業まで100日をきり，高等学校などへの出願準備をする時期になる。不登校状態にある生徒も含めて，一人一人の状況に応じて，夢をかなえるための進路情報を確実に提供する。
- これまで重ねてきた進路面談も大詰めを迎え，生徒やその保護者は，進路についての自己決定を迫られる。不安や迷いが大きくなり，自分を見失いがちになる生徒もいる。
- 最終決定は，生徒自らが下し，責任をもって前に進んでいけるように支援する。

進路面談

答えは自分の中にある

【ねらい】
- 進路決定の判断と責任は，自分で負わなくてはならないことを意識させる。
- 必要な情報を面談の中で正確に聞きとらせる。
- 進路面談に向けて，保護者と向き合って話をするように促す。

指導ポイント！
- 生徒の3年後のことも見通して，その学校に進学することのメリット・デメリットを正確に伝える。
- チェック表を利用して，自らの意思で進路を選択できているか，生徒が確認できるようにする。

進路選択チェック表

自分が進路先を決めた理由は？
自分に当てはまる理由の□を塗る。（例 □→■ 複数回答可）
当てはまるものがなかったら（　　　）に書く。

- □ 仲のよい友達と一緒だから
- □ 先輩が来たらいいと言っていたから
- □ 塾の先生に勧められたから
- □ 学校の先生に言われたから
- □ 親が行けと言ったから
- □ 家族や親戚が行っているから
- □ 制服が気に入ったから
- □ 通学距離が近いから
- □ 施設や設備が充実しているから
- □ 学校行事が面白そうだから
- □ 自分の成績に合ったところだから
- □ （　　　　　　　　　　）

- □ 体験入学のときの雰囲気がよかったから
- □ 先輩たちの活動の様子に憧れたから
- □ がんばりたい部活動があるから
- □ 興味のある授業があるから
- □ 校風が自分に合っていると感じたから
- □ 行きたい大学への進学実績があるから
- □ 将来に役に立つ資格がとれるから
- □ 将来なりたい職業に関係しているから
- □ 卒業後の就職率が高いから
- □ 自分の夢がかなえられそうだから
- □ 自分が行きたいから
- □ （　　　　　　　　　　　　　　）

志願理由書の書き方

```
志望校          ・下書きをする         学級担任の         ・清書する
の情報    →   ・保護者にも見   →   チェックを   →   ・コピーを取る   →   提出
を得る        てもらう             受ける
```

【書くためのヒント】

志願理由を書き出す

- 体験入学に参加して，実際に授業を受けたり，先輩方とふれ合ったりして，学校の雰囲気が気に入った。
- 将来なりたい職業があり，そのために必要なことが学べる。
- がんばりたい部活動がある。

文の順番を考える

① 自分には，将来なりたい職業があり，そのために必要なことを，この学校で学ぶことができる。
② 体験入学に参加したときに受けた授業が，自分の興味関心のある内容だった。もっと知識や技術を身につけたいと思った。
③ 中学から続けている部活動があり，先輩たちの活躍にも憧れていて，自分もめざしたい。

志願理由書の例

様式第2号　　志願理由書　　平成　年　月　日

高等学校長　様

出身(在学)中学校名
志願者氏名

私は，下記の理由により，貴校　　　　制の課程　　科　専攻・コース・課程への
　　　　　　　　　　　　　　　　多部制単位制　　部
入学を志願します。

記

○ 志願する理由

志願理由（志願動機）の書き方
願書を提出する高校を受けたいと思った理由を書く。体験入学に参加した場合は，そのときの出来事や感想を入れる。自分がこの学校に，どうしても通いたいという思いを根拠を示して伝える。

○ 自分をアピールできることがら

自己アピールの書き方
自分自身の長所や個性，特技，生徒会活動や部活動などでの活躍，英語検定などの資格，こども県展や読書感想文コンクール，弁論大会で表彰されたことなど「自分をアピールすること」を書く。また，そのことを高校生活にどのように生かして，過ごしたいかを書く。

成功の秘訣

☐ **モデルを示す**　先輩たちが書いた志願理由書のコピーなど，具体的に書かれている例をあげて，型を示す。

☐ **進路ファイルを作っておく**　自己分析したものや高校の情報など，進路について学習をしてきたことを1冊のファイルに綴じておき，志願理由書を書くときに使う。

中3 2月（環境・約束）

思いやりのある行動

Keyword　さりげなさ　相手を思いやる　あたたかい空気

これだけは押さえよう！

- それぞれの進路に向かうこの時期にこそ，互いのことを気遣い，思いやりのある言動ができるようにする。
- 人によって，してもらいたい行動は違うということに気づき，感じ方，受け止め方はそれぞれであるということを体験する。

さりげない気遣いってどんなもの？

- 相手の気持ちを思いやるさりげない行動が，日常の生活で生かされているか確認する。
- さりげない心配りの感じ方は，人それぞれであることを知る。

どっちがうれしいかな

【ねらい】
進路選択・決定が近づいてくるなかで，進路で悩んだり思うとおりにいかなかったりする場面の想定をし，相手に対する「さりげない行動とは」を学級で考える。

【やり方】
① してもらってうれしいことは，人それぞれであるが，さりげない心配りが相手を思いやることを伝える。
② さりげない行動とはどういうことかを，教師が経験を語り，例をあげ，具体的な場面を通して考える。
③ 「どっちがうれしいかな」のワークシートを使って，自分はどっちがうれしいタイプか考える。
④ 各自が選んだ項目とその理由について班で話し合う。
⑤ シェアリングをする。
　・班でお互いの意見を交わす。
　・班でどのような意見が出たかを全体に紹介し合う。
⑥ そのほかの状態や場面についても考える。
⑦ 本日の感想を書く。

第3章 学級づくりカレンダー

どっちがうれしいかな？ ワークシート

> 自分がどう行動するかと，自分がどのように行動されたいかの違いに気がつく。

1　実力テストの点数が予想外に悪かったとき
- Ⓐ ドンマイと肩をたたかれる
- Ⓑ 声をかけずに黙っていてくれる

2　友達とけんかをしていると打ち明けたとき
- Ⓐ 自分の味方になってくれる
- Ⓑ ひたすら話を聴いてくれる

3　体がしんどくて机で伏せているとき
- Ⓐ 「どうしたの」と声をかけてくれる
- Ⓑ 話しかけずに黙って見守ってくれる

4　学校に行きたくなくて2～3日休んでしまったとき
- Ⓐ 電話をかけてきてくれる
- Ⓑ 登校したとき学級の仲間から手紙をもらう

5　進路で悩んでいるとき
- Ⓐ 進路のことを一緒に考えてくれる
- Ⓑ 進路以外の話題で盛り上げてくれる

6　第1志望の高校の受験を失敗したとき
- Ⓐ なぐさめてくれる
- Ⓑ 楽しい話で盛り上げてくれる

7　

8　

≪感想≫

中3　2月（環境・約束）

成功の秘訣

□ **学級の状態に応じて**　「例えばこんな場合は？」など，ワークシート以外にもたくさんの場面を出し合い，そのときのさりげない言葉や行動をみんなで話し合う。

参考文献：品田笑子（2008）「自分がしてもらいたいことを友達にしてあげる」河村茂雄・品田笑子・小野寺正己編著『学級ソーシャルスキル　中学校』図書文化　pp.208-211

中3　2月（信頼・仲間）

全員で受験を乗り切る

| Keyword | エネルギーチャージ | 見えない絆 | 一体感 |

これだけは押さえよう！

- 生徒たちは，友達との残された時間を大切に思う一方で，進路に対する不安を抱え，心細く，なかにはパワーダウンしている生徒もいる。
- 仲間たちの渾身を込めたエネルギーをもらうことで，不安や焦りを前向きな力に変え，全員で受験を乗り越える。

エネルギーチャージ

元気玉

ドラゴンボールの元気玉の「おらにエネルギーを分けてくれ」のイメージで，エネルギーを集合させて強大な気弾を作る。アニメの世界と違って元気玉を見ることはできないが，手をぎゅっと握って気を送り合うことにより，パワーダウンしている友達にエネルギーをチャージし，みんなを元気にする。

【ねらい】
- 受験期の生徒たちの不安をやわらげる。
- 受験に対して不安な気持ちをもつことはあたりまえであり，みんながそういった不安をもっているということを共有する。
- 受験は個人戦ではなくて団体戦であり，「1人じゃない，よき応援団がいる」ということを伝えていく。（→P133参照）

【活動の意義の説明】
「今日は言葉にできないものを，念じることによって相手に伝えたいと思います。心で会話をします」「手をぎゅっと握って，心のなかで伝えたい気持ちを念じて，みんなにエールを送ります」「受け取る人は全神経を集中させて，その気持ちを受け取ります」
※今日のこの時間をどう過ごしたいか。みんなの夢が叶うように真剣にお互いにエールを送り合いたいということを伝える。
※BGMの音楽（生徒の印象に残っている曲か，癒し系のオルゴールの曲）を流す。

【やり方】
1　元気玉集め：友達からエネルギーをもらう・自分もエネルギーをあげる
① 机を後ろに寄せ，オープンスペースを自由に歩く。
② 出会った人と互いの手を握り合って，心のなかで伝えたい気持ち（エール）を送り合う。
③ できるだけたくさんの友達と手を握り合う（より多くの人からエネルギーをもらう）。

2　元気玉づくり
① 学級担任も含め全員で円をつくる。
② 学級担任が，「いまから私がもらったエネルギーをみんなに渡すから，自分のエネルギーを足して次の人に渡して」と言う。
③ 学級担任は右側にいる生徒の手をぎゅっと握ってエネルギーを送る。
④ エネルギーをもらった生徒は，そのエネルギーに自分のエネルギーを足して，右隣りの人の手をぎゅっと握ってエネルギーを送る。これを繰り返す。
⑤ 最後に学級担任の左側にいる生徒が学級担任の手を握り，エネルギーが学級担任のところに集まったら，全員でぎゅっと手を握り合ってそのパワーを感じ合う。

3　シェアリング
・席に戻って振り返り用紙に記入する。
・グループで感じたことを話し合い，全体で共有したいことがあれば紹介する。
※生徒の様子によってはシェアリングなしで，全員で元気玉のパワーを感じながら終わってもよい。

> 成功の秘訣

□ **活動の意義を語る**　活動の際にふざけたり，真剣にやらない雰囲気になったりしないように，教師が活動の意義を真剣に語ることによって，この時間をどのように過ごしたらいいのかを考えさせる。

□ **デモンストレーション**　真剣に伝える様子を生徒にイメージさせるため，シャイな生徒や真剣に取り組むことに抵抗感のある生徒を選び，その子を相手に教師がモデルになって真剣にやってみせるとよい。

中3　2月（キャリア）

大切な人への感謝の気持ち

Keyword　内観　大切な人とのかかわり　感謝の気持ち

これだけは押さえよう！

- 「内観」とは，自分の心の奥底を見つめて，これまで人からお世話になったことを確認することである。
- 中学校卒業を間近に控えたこの時期に，これまでの人生を振り返り，いろいろな人のお陰でいまの自分があることを確認する。
- 家族や友達など身近な人への感謝の気持ちを表す機会とする。

大切な人とのかかわりについて考える

内観

【導　入】
学級担任が自分の大切な人とのかかわりについて，「お世話になったこと」「迷惑をかけたこと」「お返しをしたこと」を語り，やり方のモデルを示す。

【やり方】
① いままでの人生を振り返り，大切だと思う人を1人選んで，ワークシートに記入する。
　※家族や教師，友達など身近な人をイメージするようにする。
② その人に，「お世話になったこと」「迷惑をかけたこと」「お返しをしたこと」を思い出してワークシートに記入する。
③ ペアになって，ワークシートに記入したことを聴き合う。

【発　展】
ワークシートをもとに，大切な人として思い浮かべた人に伝えたいことを手紙に書く。家族へのメッセージの場合は，卒業式で渡すようにするとよい。

ワークシート例

大切な人とのかかわり

思い浮かべた人【　　　　　　　】

(1)　その人に「お世話になったこと」

(2)　その人に「迷惑をかけたこと」

(3)　その人に「お返しをしたこと」

メッセージカード例

【　　　　　】さんへ

【　　　　　】より

いまだから言える…

① 中学校生活を振り返って,「いまだから言えるひとこと」について,ワークシートに記入する。
　※学級の実態に合わせて,項目は適宜工夫する。
② ペアになって,ワークシートの項目について聴き合う。
　※生徒の実態によっては,ペアで交流はさせず,無記名の「いまだから言えるひとこと」集にまとめて読み合うのもよい。また,学級通信などで発信する方法もある。

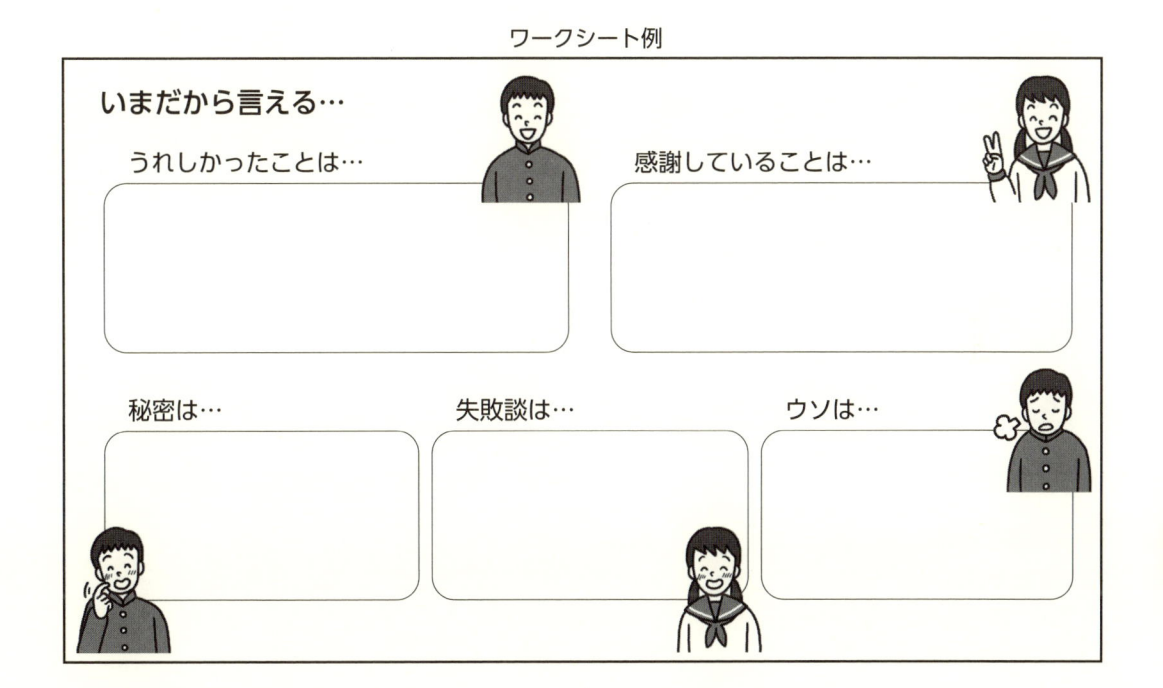

ワークシート例

いまだから言える…

うれしかったことは…

感謝していることは…

秘密は…

失敗談は…

ウソは…

成功の秘訣

- □ **教師の配慮**　ワークシートは,すべての項目を書けなくてもよい。書ける内容について,できるだけ細かく記入するように声をかける。
- □ **雰囲気づくり**　落ち着いた気持ちで活動できるように,教室環境を工夫する。
  - 例① 合唱コンクールなどの行事のときの思い出の曲を流す。
  - 　② 授業の始めに瞑想して心を落ち着かせるなど。

参考文献：飯野哲朗（2005）「『内観のエクササイズ』の基本レシピ」國分康孝・國分久子監修『思いやりを育てる内観エクササイズ』図書文化

中3 学年末（環境・約束）

伝統のバトンタッチ

Keyword 愛校心　思いを託す　学び舎への感謝

これだけは押さえよう！

- 3年間の総まとめとして，仲間の大切さ・授業の大切さ・ものの大切さなどを後輩に伝える。環境整備された清潔な教室の大切さも後輩に伝える。
- 学び舎に感謝を込めて大掃除し，教室を次学年へ引き渡す。

伝統のバトンタッチ

後輩に伝えたい母校の伝統

（新3年生に向けてメッセージを贈る）

【ねらい】
- 先輩として伝えなければならない学校のよき伝統は何かを考え，後輩へ引き継ぐ。
- 卒業を迎えるにあたって，母校への思いを後輩へ託す。

【準備物】
付箋紙　四つ切画用紙　マーカーペン

【やり方】
① 1年間を振り返り，さまざまな場面において先輩としてお手本になり，後輩に伝えることができたかを学級で話し合ってみる。
② 個人で，自分の学校のいいところを付箋紙1枚に1項目書く。
③ グループで，個人が書いたいいところを発表する。
④ 共通する項目があったら，まとめたり，ほかの項目と関連づけたりして，画用紙に付箋を貼っていく。
⑤ グループで出し合った自分の学校のいいところから，後輩に伝えたいものを「後輩に伝えたい母校の伝統ベスト3」として，書き出す。
⑥ 書き出した「後輩に伝えたい伝統ベスト3」を使って，「新3年生に向けてメッセージを送ろう」の装飾をつくる（➡ P165参照）。

後輩に伝えたい母校の伝統ベスト3

ベスト1	
ベスト2	
ベスト3	

教室のバトンタッチ

思い出の場所を大掃除

（先生）3年間の集大成として大掃除をします。
みなさんは、3年間過ごしてきた校舎や教室にどんな思い出や思いがありますか？

（男子）体育館は部活動でよく使って、1年生のころは、練習の後にみんなでモップがけをしたなあ。

（女子）私は3年間、図書委員だったから、本の整理をしたり、棚を拭いたりした。

（男子）僕は、よく3階の廊下で、なんとなく友達と外の景色を見ていた。そういえば、窓ガラスのよごれが気になっていたなあ。

↓

（先生）みなさんそれぞれに校舎や教室との思い出がありますね。そんな思い出のある場所を、感謝の気持ちが伝わるように、大掃除しましょう。

- 最後の仕上げとして、全員でイス・机の上をきれいな雑巾で拭いて、大掃除をしたあとの教室を実感する。
- 美化委員は、大掃除後に後輩にメッセージを書いて渡す。
- 保証書のような形にして、後輩に残すこともできる。

保証書
この教室は　年　組が　年　月　日に責任をもって掃除をいたしました。どうぞ大事に使ってください。

メッセージカードの例

私たちの教室に
感謝の気持ちを込めて、
丁寧に掃除をしました。
　年　組　ありがとう
　　年　月　日

中3　学年末（環境・約束）

成功の秘訣

☐ **後輩への伝え方**　卒業式前の全校集会や放送などを利用する。ビデオでメッセージを伝えたり、花壇に花を植えるボランティア活動など、メッセージ以外の活動で伝えることもできる。

☐ **細かなところ**　チョーク・掃除道具・壁紙・黒板消しなどの備品も、大掃除のときに点検をして入れ替える。

中3 学年末（信頼・仲間）

伝説に残る卒業式

Keyword 周りへの感謝 | 全員参加 | 感動

これだけは押さえよう！

- 卒業を前に，いままで言えなかったあるいは言わなかった言葉，いまだから素直に言える言葉があるはずである。中学校生活3年間を振り返り，言いそびれた「ごめん」や「ありがとう」を思い出して，言葉にして伝える大切さを感じさせる。
- 卒業式での呼名の返事について考えさせる。

卒業式に向けて

「はい」のタイミング

【ねらい】
卒業式で名前を呼ばれる瞬間は一度しかない大事なタイミングである。大きな声で心を込めて返事をしようという気持ちをもたせたい。

【準備物】
模造紙大に拡大コピーした「タイミング」の詩（★印の部分までを黒板に貼る），BGM

```
          タイミング
                         鹿嶋　真弓

「おはよう」のタイミング
のがすと 一日言えないまま
だから 明日は 朝一番
大きな声で "おはよう"

「ありがとう」のタイミング
のがすと ずっと言えないまま
だから 今日は 感謝の気持ち
恥ずかしがらずに "ありがとう"

「ごめんネ」のタイミング
のがすと とても言いにくい
だから 次から 勇気を持って
心の底から "ごめんネ！"

「好き」のタイミング
のがすと とりかえしがつかなくなる
だから……
                        （★）

「はい」のタイミング
```

【やり方】
① 卒業式の意義について考える。
② タイミングの詩を★印まで朗読する。
③ 卒業式で生徒の名前を呼ぶときの学級担任の思いを語る。
④ 最後の1行を黒板に貼り足し朗読する。
⑤ 自分はどういう気持ちを込めて，どういう返事をするか考える。

「タイミング」の詩
人生には，その時その時のタイミングがあり，卒業式での呼名に対する「はい」も，たった一度の大切な瞬間であることを伝えたいという思いで編者が作成した詩である。担任の思いや保護者の思いを感じながら，卒業式で，自分はどういう返事をするのかを，個々に考えさせたい。

言いそびれた言葉たち

【ねらい】
心のなかで思っていても，声に出して伝えないと，伝わらないままタイミングを逃してしまう場面は多くある。卒業を前に中学校3年間を振り返りながら，伝えられなかった言葉や，いまだから素直に言える言葉（気持ち）について考える。

【準備物】
・言いそびれた言葉たちカード
・模造紙大に拡大コピーした「タイミング」の詩
・BGM

【やり方】
① 「タイミング」の詩を朗読する。
② 活動のねらいを伝える。

> もうすぐ卒業です。
> 「ありがとう」や「ごめんね」を伝えておかなくてはならない人はいませんか？
> いままで言えなかったあるいは言わなかった言葉はありませんか？
> 中学校3年間のなかでそんな「言いそびれた言葉たち」について思い出してみましょう。

カードの例
> ☆ 言いそびれた言葉たち
>   このタイミングだからこそ言える言葉
>   ＿＿＿＿＿＿＿＿＿へ
>   ＿＿＿＿＿＿＿＿＿＿＿
>   ＿＿＿＿＿＿＿＿＿＿＿
>   より

③ 学級担任が自己開示をする。

> 中学時代から続いた父への反抗が，大人になってもおさまらなかった私は，気持ちを素直に伝えられないまま，父とお別れすることになってしまいました。……
>
> 「好き」のタイミング。　のがすと　とりかえしが　つかなくなる　だから……

④ カードに自分の言いそびれた言葉を記入する。
⑤ 全体でシェアリングをする（学級の状態によって方法を決める）。
　　パターン1⇒全体の場でそれぞれが書いたものを発表する。
　　パターン2⇒個別に渡す（この場合は，カードが1枚ももらえない子どもが出ないように「班員には書く」などの配慮が必要）。
　　パターン3⇒カードの「○○より」を除いて，教師が読み上げる（宛名については，「家族へ」とか「○年○組へ」などとし，個人名は書かないようにする）。

成功の秘訣

□ **詩に込められた思い**　卒業式で呼名されたとき，どういう「はい」を言うか，イメージトレーニングできるようにする。詩については，学級の状態に合った使い方を工夫したり，学級の状態に合った詩を探して活用するとよい。

参考文献：鹿嶋真弓（2004）「授業実践『最後の道徳の授業①』」『道徳教育2004年3月号』明治図書

中3 学年末（キャリア）

新たな生活への一歩

| Keyword | 守るべき伝統 | 後輩へのバトン | 未来の自分 |

これだけは押さえよう！

- 卒業式という節目の儀式の大切さを考えたり，後輩にメッセージを託したりすることで，母校への思いや学校の伝統を継承していくことを認識する。
- 中学校3年間の自分をいろいろな角度から振り返ってみることで，新たな生活への原動力とする。
- 「未来の自分」にメッセージを書くことによって，これからの生活を前向きにとらえて進めるようにする。

後輩へのバトン

【ねらい】
卒業式は，厳かで規律や気品のあるなかに，自分たちの成長の喜びと，保護者や教師などかかわってきてくれた人たちへの感謝の気持ちのこもった儀式をめざす。

語り継がれる卒業式にするために

① 「卒業式は何のためにどのように行われる儀式だろうか」

② 「先輩たちはこれまでどのような卒業式をしてきたのだろうか」
- □ 式場の配置
- □ 入退場の仕方
- □ 卒業証書の受け取り方
- □ 先輩たちの答辞
- □ 卒業式の歌

③ 「自分たちができることはどのようなことだろうか」

＜吹き出し＞
- 起立，礼は号令をかけないで，ピアノの音の合図でするらしいよ。
- 入場前に後輩が胸にリボンをつけるんだよね。
- 卒業証書を受け取ったあと，学級代表がひとこと感謝の言葉を言うのがこの学校の伝統だって。
- 卒業証書授与で一人一人の名前が呼ばれるから，大きな声で「はい」って返事しようよ。
- 式典終了後に，先生や家族への気持ちを込めて，歌を贈るのはどうだろう。
- 全員参加の卒業式にしたいね。休んでいる仲間に何かできないかな。

新3年生に向けてメッセージを贈ろう

【ねらい】
新3年生に向けて，進級を祝い，学校の伝統を伝えるようなメッセージを贈る。

【内　容】
兄弟学級（1組やA組など同じ番号やアルファベットの学級），または体育祭で同じ色組だった学級の2年生に対して，メッセージ入りの装飾を作る。

【準備物】
模造紙，色フェルトペン，のりなど。
必要に応じて，折り紙や千代紙，リボン，色画用紙，花紙などを用意する。

【作成例】

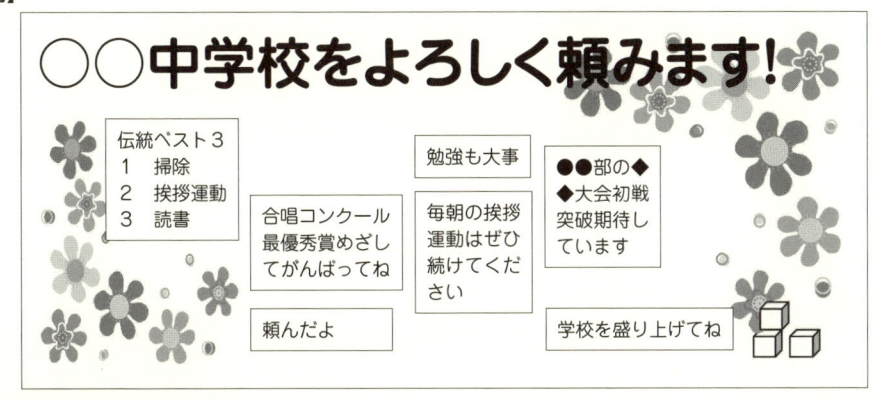

```
○○中学校をよろしく頼みます！

伝統ベスト3        勉強も大事      ●●部の◆
1  掃除                          ◆大会初戦
2  挨拶運動                       突破期待し
3  読書                          ています

合唱コンクール    毎朝の挨拶
最優秀賞めざし    運動はぜひ
てがんばってね    続けてくだ
                 さい

頼んだよ                         学校を盛り上げてね
```

自分への手紙

A　未来の自分へのメッセージ

【ねらい】
将来なりたい自分をイメージして，新たな生活への意欲をもつ。

【やり方】
① 「10年後の自分へ」「5年後の自分へ」など適宜設定して，未来の自分に対するメッセージを書く。
② 書いたメッセージの扱いについて，学級で話し合う。
　　例　成人式に開封する「タイムカプセル」に入れる。

B　未来の自分から いまの自分へのメッセージ

【ねらい】
大人になった自分の視点から，15歳の自分の悩みに共感し，自分自身を認め，励まし，自分を振り返る。

【やり方】
① 「10年後の自分」「20年後の自分」を思い浮かべながら，いまの自分に対するアドバイスやメッセージを書く。
② 書いたメッセージを，各自が公開してかまわない範囲で発表し，交流する。
③ メッセージは各自が保管する。

成功の秘訣

☐ **BGM**　手紙を書くときには，落ち着いた静かな曲を流して雰囲気づくりをする。
☐ **教師の参加**　学級担任もメンバーとなり，生徒と一緒に活動をする。

5　信頼される教師になるために

　ひと昔前には,「先生だから……」ということだけで, 生徒も保護者も教師の言うことに従ってくれる時代がありました。しかしいまの生徒たちは,「教師だから」ということだけで, 素直に言うことを聞いたり従ったりはしないということを, 皆さんも経験から感じていることと思います。

　生徒たちが「先生, 大好き」「先生, 大嫌い」と言うとき,「好き・嫌い」という言葉には万感の思いが込められ, "よい先生・悪い先生" "できる先生・できない先生" "立派な先生・下劣な先生" といったさまざまな次元からの評価が下されています。そして, ここが一番大切なところだと思うのですが, 生徒たちは最終的に, "信頼できる先生か・信頼できない先生か" というレッテルを, 教師に貼っているのです（宗内敦『指導力の豊かな先生』図書文化）。

　では, 信頼される教師とはどのような教師なのでしょうか。

① 　自分の思いを語る教師

　生徒は, 教師が「自分の思い」を語ってくれることを望んでいます。ひとりの教師としての価値観や夢, 何を大切にしているのか, 人として許せること・許せないこと, 生徒にどんなことを身につけ, どんな人になって欲しいかなど,「自分自身」のことを語ってくれることを教師に望んでいます。教師の生き方にふれることで, 生徒も自分の人生や進路について真剣に考えることができるようになるのです。

② 　できていることをすかさず認めてくれる教師

　生徒は, 自分のことを認めてくれる教師のことを信頼します。これまでできなかったことができた時にすかさず声をかけて認めてくれたり, できそうなことを生徒に任せてくれたりする教師のことを信頼します。

　しかし, 場合によっては, そのような教師の行動が「機嫌をとっている」とか「媚びている」などと生徒に思われる可能性もあります。どの生徒も「自分が大切にされている」という思いをもつことができるような態度で認めることが大切です。

　例えば, ある生徒には「いいね」と認め, 別の生徒の同じ行為には何も言わない教師がいたとします。何も言われなかった生徒は, 当然,「どうして私は認めてもらえないのだろう？」という不信感をもつでしょう。教師の「公平さ」「公正さ」に対しても, 生徒が鋭く見ているということを覚えておきましょう。

③ 　話を聞いてくれる教師

　友達との関係で悩んでいたり, 家族のことで悩んでいたり, 勉強がわからなくて困っていたり,「助けて欲しい！」というサインを送っている生徒はたくさんいます。このように, 自分だけではどうすることもできない時に, 教師が気づいて話を聞いてくれ, 助けて

くれることを生徒は望んでいます。「自分の話を聞いてくれる」「自分のことを見捨てない」「たくさん話しかけてくれる」教師に対して，生徒は圧倒的な信頼を寄せます。

④　約束を守る教師

　生徒との約束を守らなかったり，時間に遅れたり，言ったこととやっていることが違っていたりするということはありませんか？　生徒は教師の行動を冷静に見ています。「生徒だから」と思って甘く見て行動をしていると，「この先生は信頼できない」と思われてしまいます。

　まず基本として，授業の開始や終わりの時刻を守ることが大切です。時間に厳しい教師というのは，生徒にとって信頼できるイメージがあります。また約束事についても，「小さなことだから」といい加減にせず，きちんと守ることを心がけましょう。どうしても守れない場合は理由を説明し，代案を提示するというように，大人同士のときと同じように生徒を扱うことが大切です。

⑤　いつも明るく笑顔で！　そして身なりを整える教師に

　教師の「笑顔」は生徒たちに安心感を与えます。特に一日のスタートに出会う担任の先生の爽やかな笑顔は，明るくのびのびと学校生活を送るための大切な要素です。朝，職員室を出る前に，鏡を見てから教室に行く習慣をつけましょう。

　また身なりも，生徒から信頼される教師になるための重要な要素です。華美に着飾る必要はありませんが，汚れやほころびなどのない清潔に洗濯された服を身につけること，ＴＰＯに合わせた服装を心がけることが必要です。

　次ページのコラムに，元高知市立城北中学校校長の近澤和幸さんが，臨時教員になられたお嬢さんに「娘への手紙」という形で発信した文章を紹介します。

コラム　教師の基本「娘へ」

【1】子どもへの責任

　経験の長短は、子どもの感受性には何の関係もないことを知ってほしいのです。責任の重さも職場のどの先生とも変わらないのです。

【2】子どもを知る

　同じカバンを背負っていても、背負っている中身は四十人いればそれぞれ全部違うことを知ることです。朝のあいさつを無視した子と元気のない声の子どもを頭の中に仕舞い込んでおきましょう。

【3】子ども中心の頭の働き

　名前は全部覚えたかな？　名簿で記憶するのではなく遊びの中でおぼえてゆこう。固有名詞は人格です。わからなければ問うことです。問わずに間違うことの恥ずかしさを考えると問う恥ずかしさは何でもないことです。

【4】感動的な評価を

　子どもの言葉や行動は、いつも感動的にとらえることです。最大限の感動を表す。言葉やジェスチャーは、ここ一番という時使いましょう。子どもが先生の喜ぶ顔を見たくて行動できるように仕向けていくことです。

【5】子どもどうしのかかわり合う授業

　授業は教師の生命そのものなのです。どの子も解りたい、どの子も勉強のできる子になりたいと思っているのです。勉強は一人でやるのではなく、みんなで楽しくやろうという授業の組み立てを考えてください。「みんなで学習を進めるんだ」と自分自身に言ってください。それをいくら子どもに言ってもわかりません。子どもがそう向くように仕掛けていくことです。

【6】子どもは育つ責任

　最後に、顔を真っ赤にしてヒステリーを起こし、涙を流して怒らなければならないことがひとつあります。それはいじめであり、差別なのです。こんなことで先生がなぜあんなに怒るのかと不思議がられるでしょう。それは、いつも平気で気に止めずにやっている差別が平然と存在するからなのです。

　いろいろと注文を書きましたが、私のためでもなく貴方のためでもなく未来を生きる子どもたちのために、と思ってください。

（高知市教育研究所所報「研究」No.381/1998年5月号より）

エクササイズを使ってみよう

　第3章，学級づくりカレンダーの「エクササイズを使ってみよう」のコーナーには，子どもたちの社会性や人間関係を育てる体験的な手法のなかから，各時期にもっともお勧めだと思われるエクササイズをピックアップしました。

　それぞれのエクササイズには，以下の本からアクセスできます。できることなら本を読むだけでなく，それぞれの団体が主催する研修会に参加して，自分も体験しながら学びを深めることをお勧めしたいと思います。

(1) お勧めのエクササイズの本

●構成的グループエンカウンターの本

『エンカウンターで学級が変わる　小学校編』Part 1 ～ 3
『エンカウンターで学級が変わる　中学校編』Part 1 ～ 3
『エンカウンターで学級が変わる　ショートエクササイズ集』Part 1 ～ 2
『構成的グループエンカウンター事典』　　　　　　（以上，図書文化）

●ソーシャルスキルトレーニングなどの本

『グループ体験によるタイプ別！　学級育成プログラム　中学校編』
『社会性を育てるスキル教育35時間』中学校1 ～ 3年生
『実践！　ソーシャルスキル教育　中学校』　　　　（以上，図書文化）

●グループワークトレーニングの本

『学校グループワーク・トレーニング』1 ～ 4　（遊戯社）

●その他

『教師と生徒の人間づくり』第1 ～ 5集　（瀝々社）
『体験学習実践研究』（一般社団法人日本体験学習研究所）

(2) エクササイズの掲載書籍一覧

学年	月	柱	エクササイズ名	掲載書籍	
1年生	4月	信頼・仲間	友だちビンゴ	『エンカウンターで学級が変わる　小学校編2』	p170
				『構成的グループエンカウンター事典』	p388
			質問じゃんけん	『エンカウンターで学級が変わる　小学校編』	p132
			X先生を知る イエス・ノークイズ	『エンカウンターで学級が変わる　中学校編』	p96
			友達発見	『構成的グループエンカウンター事典』	p370

学年	月	柱	エクササイズ名	掲載書籍	
1年生	6月	環境・約束	図形をつくろう	『学校グループワークトレーニング』	p55
			無人島SOS	『エンカウンターで学級が変わる　小学校編』	p150
		信頼・仲間	友達発見	『構成的グループエンカウンター事典』	p370
			アドジャン	『エンカウンターで学級が変わる　ショートエクササイズ集』	p112
		キャリア	君の人生 How much	『教師と生徒の人間づくり　第3集』	p147
	夏休み前	信頼・仲間	いいとこさがし	『タイプ別！　学級育成プログラム　中学校編』 『構成的グループエンカウンター事典』	p56 p408
		キャリア	いろいろな人が住むマンション	『体験学習実践研究　Vol.4』	p44
	9月	信頼・仲間	アドジャン	『エンカウンターで学級が変わる　ショートエクササイズ集』	p112
			サイコロトーキング	『タイプ別！　学級育成プログラム　中学校編』 『エンカウンターで学級が変わる　小学校編』	p48 p158
			二者択一	『タイプ別！　学級育成プログラム　中学校編』 『エンカウンターで学級が変わる　中学校編』	p52 p134
			友だちビンゴ	『エンカウンターで学級が変わる　小学校編2』 『構成的グループエンカウンター事典』	p170 p388
			君はどこかでヒーロー	『エンカウンターで学級が変わる　中学校編』	p98
	冬休み前	信頼・仲間	別れの花束	『エンカウンターで学級が変わる　中学校編』	p194
			私は私が好きです。なぜならば…	『エンカウンターで学級が変わる　中学校編』 『構成的グループエンカウンター事典』	p164 p582
			みんなでつくろうよりよいクラス	『エンカウンターで学級が変わる　中学校編3』	p86
			いいとこさがし	『タイプ別！　学級育成プログラム　中学校編』 『構成的グループエンカウンター事典』	p56 p408
	2月	信頼・仲間	トラストウォール	『構成的グループエンカウンター事典』	p578
	学年末	信頼・仲間	別れの花束	『エンカウンターで学級が変わる　中学校編』 『エンカウンターで学級が変わる　小学校編』 『構成的グループエンカウンター事典』	p194 p178 p586
2年生	4月	信頼・仲間	友だちビンゴ	『エンカウンターで学級が変わる　小学校編2』 『構成的グループエンカウンター事典』	p170 p388
			X先生を知るイエス・ノークイズ	『エンカウンターで学級が変わる　中学校編』	p96
			友達発見	『構成的グループエンカウンター事典』	p370

第3章 学級づくりカレンダー

学年	月	柱	エクササイズ名	掲載書籍	
2年生	6月	信頼・仲間	私はあなたのベストフレンド	『エンカウンターで学級が変わる ショートエクササイズ集』	p158
	夏休み前	信頼・仲間	みんなでつくろうよりよいクラス	『エンカウンターで学級が変わる 中学校編3』	p86
		キャリア	向いているのはどんな人？	『エンカウンターで学級が変わる 中学校編3』	p114
	9月	信頼・仲間	君はどこかでヒーロー	『エンカウンターで学級が変わる 中学校編』	p98
			別れの花束	『エンカウンターで学級が変わる 中学校編』	p194
	冬休み前	信頼・仲間	みんなでつくろうよりよいクラス	『エンカウンターで学級が変わる 中学校編3』	p86
			別れの花束	『エンカウンターで学級が変わる 中学校編』	p194
			私は私が好きです。なぜならば…	『エンカウンターで学級が変わる 中学校編』 『構成的グループエンカウンター事典』	p164 p582
			いいとこさがし	『タイプ別！ 学級育成プログラム 中学校編』 『構成的グループエンカウンター事典』	p56 p408
	学年末	信頼・仲間	別れの花束	『エンカウンターで学級が変わる 中学校編』	p194
3年生	4月	信頼・仲間	スゴロクトーキング	『構成的グループエンカウンター事典』	p384
			10年後の私	『エンカウンターで学級が変わる 小学校編』 『構成的グループエンカウンター事典』	p174 p464
	6月	環境・約束	相手が話しやすい態度とは？	『社会性を育てるスキル教育35時間 中学2年生』	p82
			ノンバーバルコミュニケーション・ピアカウンセリング	『実践！ ソーシャルスキル教育 中学校』	p108

おわりに

　生徒たちは学校生活という集団生活を通して，生き方のモデルとなる存在に出会い，そこへ自分を重ね合わせ，必要な部分を取り込みながら成長していきます。だから学校でどのような教師や学級集団と出会い，どのようなかかわりをもちながら学校生活を送っていくかは，生徒のこれからの生き方に大きな影響を与えることとなります。

　しかしながら現実に目を向けると，学級にはさまざまな問題が存在し，日々いろいろな事件が起こります。生徒同士の些細なトラブルも珍しくありません。こうしたトラブルが，いじめや不登校，暴力行為へと発展する場合もあります。また特別な教育的支援を必要とする子どもたちも多くなっており，これまでの指導方法では対応が困難となっていることも事実です。さらに，保護者からの要望や意見も強くなっており，学級担任の中には担任としての自信を失いかけている先生もみられます。

　本書では，生徒が互いに成長し合うことのできる学級に育てるために，どのように集団を形成していけばいいのかという道筋を，「環境・約束」「信頼・仲間」「キャリア」の3つの柱に沿って示しました。忙しい先生方にもすぐに使うことができるように，視覚的にわかりやすいような工夫も凝らしています。また「うまくいくためのヒント」もちりばめました。

　本書を手にとって実践していただくことで，先生方一人一人の学級経営の引き出しが増え，さらに「なるほど！」「うまくいくためにはこうすればいいんだ」という成功のゴールをイメージできるようになっていただければいいなと思います。

　やってみてどうだったのかという「子どもたちの変化＝成長」を楽しみながら，ぜひ，この本を活用していただきたいと思っています。本書が，毎日一生懸命がんばっておられる先生方のお役にたてましたら幸いです。

　最後に本書の発行にあたり，適切なアドバイスをいただき最後まであたたかく見守ってくださった図書文化の渡辺佐恵様，そして夢を語り知恵を出し合いながら本書の元となる高知市版学級経営ハンドブックにかかわってくださった高知大学金山元春先生と高知市教育委員会の皆様に心より感謝申し上げます。

　　　平成27年2月

　　　　　　　　　　　　　　　　　　　　　　　　西部中　吉本恭子

■ 編著者紹介

鹿嶋真弓（かしままゆみ）

高知大学教育学部准教授。博士（カウンセリング科学）。都内公立中学校教員，逗子市教育研究所所長を経て平成25年1月より現職。平成19年にはNHK『プロフェッショナル 仕事の流儀』で，中学校教員時代の実践が紹介された。平成20年には東京都教育委員会職員表彰を，また，平成21年には文部科学大臣優秀教員表彰を受けた。おもな著書に，『Q-U式学級づくり中学校――脱・中1ギャップ「満足型学級」育成の12か月』（共編，図書文化），『中学生の自律を育てる学級づくり』（共著，金子書房）ほか。

吉本恭子（よしもときょうこ）

高知市立西部中学校教頭。高知県内の小・中学校で養護教諭として勤務したのち高知市教育研究所教育相談班指導主事・班長を経て現職。高知市教育研究所では不登校の子どもたちの居場所（教育支援センター）の運営にあたるとともに，不登校にならないための予防的な取り組みについて研究。学級経営や学校心理学に基づいたチーム援助のあり方について研究中。勤務校の研究主題は「ひとりを大切にしてかかわりあえる学級」で，全学年で計画的に人間関係づくりのプログラムを実施している。

※本書は，平成26年2月に高知市教育委員会と作成した『学級経営ハンドブック』を全国向けに改訂し，一部を新しく書き下ろしました。

中学校 学級経営ハンドブック
学級環境づくり・仲間づくり・キャリアづくり

2015年6月20日　初版第1刷発行　［検印省略］

編著者	©鹿嶋真弓・吉本恭子
発行人	福富泉
発行所	株式会社 図書文化社
	〒112-0012　東京都文京区大塚1-4-15
	Tel. 03-3943-2511　Fax. 03-3943-2519
	振替　00160-7-67697
	http://www.toshobunka.co.jp/
装幀	中濱健治
組版	株式会社 Sun Fuerza
印刷・製本	株式会社 加藤文明社印刷所

乱丁・落丁本の場合はお取り替えいたします。
定価はカバーに表示してあります。
ISBN 978-4-8100-5654-9　C3037

JCOPY 〈（社）出版者著作権管理機構 委託出版物〉
本書の無断複写は著作権法上での例外を除き禁じられています。複写される場合は，そのつど事前に，（社）出版者著作権管理機構（電話 03-3513-6969，FAX 03-3513-6979，e-mail: info@jcopy.or.jp）の許諾を得てください。

ソーシャルスキル教育の関連図書

ソーシャルスキル教育で子どもが変わる［小学校］
國分康孝監修　小林正幸・相川充 編　　　　　B 5 判 200頁　**本体2,700円**

友達づきあいのコツとルールを楽しく体験して身につける。①小学校で身につけるべきソーシャルスキルを具体化、②学習の手順を段階化、③一斉指導で行う具体的な実践例、をまとめる。

実践！ ソーシャルスキル教育［小学校］［中学校］
佐藤正二・相川充 編　　　　　　　　　　　B 5 判 208頁　**本体各2,400円**

実践の事前，事後にソーシャルスキルにかかわる尺度を使用し，効果を検証。発達段階に応じた授業を，単元計画，指導案，ワークシートで詳しく解説。

育てるカウンセリング実践シリーズ②③
グループ体験によるタイプ別！学級育成プログラム［小学校編］［中学校編］
－ソーシャルスキルとエンカウンターの統合－
河村茂雄 編著　　　　　　　　　　　　　　B 5 判 168頁　**本体各2,300円**

●主要目次：心を育てる学級経営とは／基本エクササイズ／学級育成プログラムの6事例

いま子どもたちに育てたい
学級ソーシャルスキル〔小学校低〕〔小学校中〕〔小学校高〕〔中学校〕
河村茂雄・品田笑子 ほか 編著　　　　　　　B 5 判 208頁　**本体各2,400〜2,600円**

「みんなで決めたルールは守る」「親しくない人とでも区別なく班活動をする」など、社会参加の基礎となる人間関係の知識と技術を，ワークシート方式で楽しく身につける。
●主要目次：学級ソーシャルスキルとは／学校生活のスキル／集団活動のスキル／友達関係のスキル

社会性を育てるスキル教育35時間　小学校全6冊／中学校全3冊
－総合・特活・道徳で行う年間カリキュラムと指導案－
國分康孝監修　清水井一 編集　　　　　　　B 5 判 約160頁　**本体各2,200円**

小学校1年生で身につけさせたい立ち居振る舞いから，友達との関係を深め，自分らしさを発揮しながら未来の夢を探る中学3年生まで。発達段階に応じてこころを育てる。

学級づくりがうまくいく
全校一斉方式ソーシャルスキル教育［小学校］
－イラストいっぱいですぐできる指導案と教材集－
伊佐貢一 編　　　　　　　　　　　　　　　B 5 判 168頁　**本体2,500円**

全校一斉方式だから，学校規模で取り組みやすい。①いつもの全校集会をアレンジするだけ。②毎月の生活目標と連動させれば効果UP。③1回だけのお試し実施や，学年集会での実施も。

図書文化

※定価には別途消費税がかかります

シリーズ 教室で行う特別支援教育

個に応じた支援が必要な子どもたちの成長をたすけ，学校生活を楽しくする方法。
しかも，周りの子どもたちの学校生活も豊かになる方法。
シリーズ「**教室で行う特別支援教育**」は，そんな特別支援教育を提案していきます。

ここがポイント学級担任の特別支援教育

通常学級での特別支援教育では，個別指導と一斉指導の両立が難しい。担任にできる学級経営の工夫と，学校体制の充実について述べる。

河村茂雄 編著　　　B5判　本体2,200円

応用行動分析で特別支援教育が変わる

子どもの問題行動を減らすにはどうしたらよいか。一人一人の実態から具体的対応策をみつけるための方程式。学校現場に最適な支援の枠組み。

山本淳一・池田聡子 著　　B5判　本体2,400円

教室でできる 特別支援教育のアイデア 小学校編／小学校編Part 2

通常学級の中でできるLD，ADHD，高機能自閉症などをもつ子どもへの支援。知りたい情報がすぐ手に取れ，イラストで支援の方法が一目で分かる。

月森久江 編集　　　B5判　本体各2,400円

教室でできる 特別支援教育のアイデア 中学校編／中学校・高等学校編

中学校編では，授業でできる指導の工夫を教科別に収録。中学校・高等学校編では，より大人に近づいた生徒のために，就職や進学に役立つ支援を充実させました。

月森久江 編集　　　B5判　本体各2,600円

特別支援教育を進める学校システム

特別支援教育の推進には，特定の教師にだけ負担をかけないシステムが大切。学級経営の充実を基盤にした校内体制づくりの秘訣。

河村茂雄・高畠昌之 著　　B5判　本体2,000円

遊び活用型読み書き支援プログラム

ひらがな，漢字，説明文や物語文の読解まで，読み書きの基礎を網羅。楽しく集団で学習できる45の指導案。100枚以上の教材と学習支援ソフトがダウンロード可能。

小池敏英・雲井未歓 編著　　B5判　本体2,800円

人気の特別支援関連図書

Q-Uによる特別支援教育を充実させる学級経営
河村茂雄 編著　　　B5判　本体2,200円

学ぶことが大好きになるビジョントレーニング 全2冊
北出勝也 著　　　B5判　本体各2,400円

「特別支援外国語活動」のすすめ方
伊藤嘉一・小林省三 編著　　B5判　本体2,400円

K-ABCによる認知処理様式を生かした指導方略

長所活用型指導で子どもが変わる
正編 特別支援学級・特別支援学校用
藤田和弘 ほか編著　　B5判　本体2,500円

Part 2 小学校 個別指導用
藤田和弘 監修　　　B5判　本体2,200円

Part 3 小学校中学年以上・中学校用
藤田和弘 監修　　　B5判　本体2,400円

図書文化

※定価には別途消費税がかかります

構成的グループエンカウンターの本

必読の基本図書

構成的グループエンカウンター事典
國分康孝・國分久子総編集　Ａ５判　**本体**：6,000円＋税

教師のためのエンカウンター入門
片野智治著　Ａ５判　**本体**：1,000円＋税

自分と向き合う！究極のエンカウンター
國分康孝・國分久子編著　Ｂ６判　**本体**：1,800円＋税

エンカウンターとは何か 教師が学校で生かすために
國分康孝ほか共著　Ｂ６判　**本体**：1,600円＋税

エンカウンター スキルアップ ホンネで語る「リーダーブック」
國分康孝ほか編　Ｂ６判　**本体**：1,800円＋税

目的に応じたエンカウンターの活用

エンカウンターで保護者会が変わる 小学校編・中学校編
國分康孝・國分久子監修　Ｂ５判　**本体**：各2,200円＋税

エンカウンターで不登校対応が変わる
國分康孝・國分久子監修　Ｂ５判　**本体**：2,400円＋税

エンカウンターで学級づくりスタートダッシュ 小学校編・中学校編
諸富祥彦ほか編著　Ｂ５判　**本体**：各2,300円＋税

エンカウンター　こんなときこうする！ 小学校編・中学校編
諸富祥彦ほか編著　Ｂ５判　**本体**：各2,000円＋税　ヒントいっぱいの実践記録集

どんな学級にも使えるエンカウンター20選・中学校
國分康孝・國分久子監修　明里康弘著　Ｂ５判　**本体**：2,000円＋税

どの先生もうまくいくエンカウンター20のコツ
國分康孝・國分久子監修　明里康弘著　Ａ５判　**本体**：1,600円＋税

10分でできる　なかよしスキルタイム35
國分康孝・國分久子監修　水上和夫著　Ｂ５判　**本体**：2,200円＋税

多彩なエクササイズ集

エンカウンターで学級が変わる　小学校編　中学校編　Part１～３
國分康孝監修　全３冊　Ｂ５判　**本体**：各2,500円＋税　Part1のみ**本体**：各2,233円＋税

エンカウンターで学級が変わる　高等学校編
國分康孝監修　Ｂ５判　**本体**：2,800円＋税

エンカウンターで学級が変わる　ショートエクササイズ集　Part１～２
國分康孝監修　Ｂ５判　**本体**：①2,500円＋税　②2,300円＋税

図書文化

※本体には別途消費税がかかります